Berufsstart und Karriere

in Kunst, Kultur und Medien

Studium

Berufsausbildung

Weiterbildung

Quereinstieg

D1720522

till kammerer

Bibliografische Information Der Deutschen Bibliothek

Die Deutsche Bibliothek verzeichnet diese Publikation in der Deutschen Nationalbibliografie; detaillierte bibliografische Daten sind im Internet über <http://dnb.ddb.de> abrufbar.

Verlag:
W. Bertelsmann Verlag
GmbH & Co. KG
Postfach 10 06 33
33506 Bielefeld

Gesamtherstellung:
W. Bertelsmann Verlag, Bielefeld

Lektorat:
Till Kammerer

Gestaltung:
Marion Schnepf
www.lokbase.de

ISBN 3-7639-3082-5
Bestell-Nr. 60.01.412

Inhalt

Liebe Leserin, lieber Leser,

Berufe in Kunst, Kultur und Medien gelten häufig als „Traumjobs": Aber während journalistische Volontariate oder die Aufnahme in Schauspielschulen heiß begehrt sind, sind viele andere interessante Berufe und Ausbildungsmöglichkeiten dieser Branchen eher unbekannt.

Der vorliegende Ratgeber stellt eine Vielzahl klassischer wie moderner, teils erst wenige Jahre existierender Kreativberufe vor. Die Einstiegswege reichen dabei vom im kulturellen Bereich häufigen Quereinstieg über neue Berufsausbildungen bis hin zu speziellen Studiengängen.

Zahlreiche Berufe werden mit Praxisberichten illustriert: In diesen „O-Tönen" berichten Literaturagenten, Musik- oder Kulturmanager, Lektoren und Mediengestalter aus ihrem abwechslungsreichen Arbeitsalltag.

Hinweise zur Gliederung:

„Was machen ...?"   Diese Kapitelteile beschreiben die typischen Tätigkeiten und Aufgaben innerhalb der einzelnen Berufe.

„Wie wird man ...?"   Diese Rubrik stellt alle Ausbildungsmöglichkeiten vor, die zu den einzelnen Berufen führen.

„Spezialisierung und Weiterbildung"

Wo ein bestimmtes Fachstudium oder eine Berufsausbildung nicht vorgeschrieben sind, erhalten Fortbildungen eine besonders wichtige Bedeutung. In diesem Teil finden sich Hinweise zu Kursen und Seminaren, die den Berufseinstieg optimal vorbereiten.

„Stellensuche"   Dieser Abschnitt informiert über die einschlägigen Print- bzw. Online-Medien, in denen potenzielle Arbeitgeber Jobs für Berufseinsteiger der vorgestellten Branchen ausschreiben.

„Marktbeobachtungen"   Welche Arbeitsbedingungen und Verdienstmöglichkeiten erwarten Nachwuchskräfte in Kreativberufen? Gibt es aktuelle Trends, die Veränderungen für das jeweilige Berufsbild mit sich bringen? Solche Fragen stehen im Mittelpunkt dieser Marktanalyse.

„Weiterführende Informationen"

Hier finden sich interessante Internet-Links und nützliche Literaturtipps.

Bielefeld, im Dezember 2003
Autor und Verlag

32 Berufe

in Kunst, Kultur und Medien

Archivar/Archivarin

Was machen Archivare?

Vergilbte Papiere in langen Regalreihen, davor der Archivar vor unendlich hohen Dokumentenstapeln. Von dieser einseitigen Vorstellung können sich Anwärter für den höheren Archivdienst getrost verabschieden. Denn diese Fachleute sichten und bewerten mittelalterliche Kaufverträge oder Wirtschaftsaufzeichnungen in Amtsbüchern ebenso wie Massendaten auf Disketten oder CD-ROMs. Die Schwerpunkttätigkeiten der Informationsspezialisten gliedern sich in die Bereiche Bewertung, Erschließung und Bereitstellung.

Im Bereich Bewertung entscheiden Archivare des höheren Dienstes, ob Unterlagen verzichtbar sind. Bei diesem ersten Arbeitsschritt prüfen sie auch den Zustand des Materials und führen bei Bedarf erste Erhaltungsmaßnahmen durch. Für die Bewertung gibt es verschiedene Strategien. Eine hiervon ist der Einsatz pauschaler Vernichtungsgenehmigungen für bestimmte Schriftgutkategorien. Dies setzt jedoch regelmäßige Überprüfungen der Auslesekriterien voraus. Ein anderes Vorgehen nutzt Bewertungskataloge für bestimmte Arbeitsbereiche des Archivs. Welche Strategie zum Zuge kommt, hängt von Zielvorstellungen und Wirtschaftlichkeitsüberlegungen ab.

Im Rahmen der Erschließung von Material arbeiten Archivare vorhandene Bestände für die Nutzung auf. Ziel ist es, ein so genanntes Findbuch zu erstellen. Diese hilfreichen Publikationen bestehen aus vier Teilen. Eine Einleitung beschreibt die Behördengeschichte des Bestandes. Die Gliederung strukturiert und klassifiziert einen Archivbestand. Hauptteil ist die Liste der Titelabbildungen für die einzelnen Dokumente. Am Ende findet sich ein Stichwortregister.

Zur Bereitstellung schließlich gehört der Informationsdienst für Benutzer. Außerdem ein möglichst komfortabler Lesesaal und funktionierender Magazinservice.

Ziel dieses Aufgabenbereiches ist es, Wissenshungrigen die Orientierung in den Beständen so leicht wie möglich machen. Dafür stellen Archivare des höheren Dienstes zunächst fest, ob nachgefragte Unterlagen überhaupt im Einzugsbereich des Archivs entstanden sein können. Dann finden sie heraus, inwieweit das vorhandene Material etwas zur Anfrage beitragen kann. Darüber hinaus helfen sie beim Ausfüllen von Benutzungsanträgen und erläutern die Benutzungsordnung.

Wie wird man Archivar?

Die Ausbildung zum Archivar des höheren Dienstes ist nicht ländereinheitlich geregelt. Sie dauert in Bayern zweieinhalb, beim Bund und in den anderen Bundesländern zwei Jahre.

Voraussetzung für die Aufnahme in den Vorbereitungsdienst stellt in allen Ländern ein abgeschlossenes geschichts-, wirtschafts-, sozial- oder rechtswissenschaftliches Studium dar, in manchen Ländern auch noch die Promotion. Zudem müssen alle Bewerber fundierte Latein- und Französischkenntnisse nachweisen.

Die theoretische Ausbildung erfolgt an den beiden Archivschulen in Marburg bzw. im Falle Bayerns in München.

Spezialisierung und Weiterbildung

Aufgrund der ständigen Neuerungen auf dem Gebiet der Informationsorganisation müssen Archivare des höheren Dienstes ihr Wissen regelmäßig aktualisieren. Hierfür bieten sich nicht nur verwaltungsinterne Schulungen, sondern auch Kurse der Archivschule Marburg oder externer Bildungsträger an.

So gibt es beispielsweise Lehrgänge aus den Bereichen Bibliotheks-, Dokumentations- und Archivwesen, EDV-Organisation und -Dokumentation, Datenbanken, Büroverwaltung, Recht und Mitarbeiterführung. Unter *http://berufenet.arbeitsamt.de/bnet2/A/B8233100weiterb_t.html* informiert die Datenbank KURS des Arbeitsamtes ausführlich über die verschiedenen Fortbildungs- und Spezialisierungsmöglichkeiten.

Stellensuche

Wer sich für diesen Beruf interessiert, sollte sich bei einem der potenziellen Ausbilder um eine Aufnahme in den Vorbereitungsdienst bewerben. Das können Archive des Bundes, Staatsarchive der Länder, kommunale oder Parlamentsarchive sein.

Daneben bieten sich auch im nichtstaatlichen Bereich Ausbildungsmöglichkeiten: zum Beispiel bei Archiven von Unternehmen, Verbänden, Stiftungen und Instituten sowie Presse-, Bild-, Literatur- und Kunstarchiven.

Marktbeobachtungen

Archivgut bestand lange weitgehend aus schriftlichen Unterlagen auf Papier. Seit einigen Jahren kommen verstärkt neue elektronische Trägermedien dazu. Dadurch verändern sich auch die Verwaltungsaufgaben. EDV- und Datenbankkenntnisse werden für diesen Beruf immer wichtiger und haben zum Entstehen neuer Fortbildungsangebote beigetragen (vgl. „Spezialisierung und Weiterbildung").

Die Laufbahn des höheren Archivdienstes ist nach dem Bundesbesoldungsgesetz aufgebaut. Das Eingangsamt ist A 13 und entspricht der Funktion des Archivrates.

Die Beförderung nach A 14 geschieht in den meisten Archiven in den ersten Berufsjahren. Hierfür muss allerdings eine entsprechend bewertete Stelle vorhanden sein. Die Berufsbezeichnung lautet dann Archivoberrat.

Weitere Beförderungen geschehen nicht automatisch. Dies liegt daran, dass die Stellen, die nach A 15 bewertet sind und die Amtsbezeichnung Archivdirektor verleihen, in vielen Archiven nur für die Vertretung des Leiters vorgesehen sind.

Die Archivleitung ist bei einigen Stadtarchiven und bei den Staats- und Landesarchiven nach A 16 (Leitender Archivdirektor) eingestuft.

Die Leiter großer Archive, der zentralen Archivdirektionen und des Bundesarchivs erhalten ihr Gehalt nach der B-Besoldung. Der Grundgehaltssatz in der Stufe 3 der Besoldungsgruppe A 13 beträgt 2.758 Euro, in der Stufe 12 der Besoldungsgruppe A 16 5.246 Euro.

Weiterführende Informationen

Verband deutscher Archivarinnen und Archivare e.V., *www.vda.archiv.net*

Aufnahmeleiter

Aufnahmeleiterin

Was machen Aufnahmeleiter?

Aufnahmeleiter sind das organisatorische Herzstück von Film- und Fernsehproduktionen. Im Mittelpunkt ihrer Tätigkeiten stehen Personaldispositionen, Buchungen und das Einholen von Drehgenehmigungen. Je nach Art und Größe einer Produktion kann die Aufnahmeleitung sich in einen ersten und einen zweiten Aufnahmeleiter gliedern:

Der erste Aufnahmeleiter

Die Arbeit des ersten Aufnahmeleiters (AL) beginnt bereits im Vorfeld der Dreharbeiten. Insbesondere bei kleineren Produktionen ist dieser Spezialist auch für die Suche nach Motiven, also Drehorten, zuständig. Diese prüft er im Hinblick auf Stromversorgung, eventuelle Mietkosten, Drehgenehmigungen, Parkmöglichkeiten, Verkehrsanbindung und nicht zuletzt sanitäre Ausstattung. Zum „Ortstermin" gehört zudem die Suche nach möglichen Störquellen, etwa in der Nähe der „Location" verlaufenden Schnellstraßen.

Vor Drehbeginn erstellt der erste AL zusammen mit der Regieassistenz eine umfangreiche Vordisposition. Diese setzt das Drehbuch in einzelne Drehtage mit entsprechender Drehplanung um. Das so entstandene Konzept legt fest, wann welche Szene aufgenommen wird, und nennt die dafür benötigten Schauspieler (→vgl. S.84) und Requisiten. Anschließend stimmt der erste AL den Drehplan mit der Produktionsleitung und dem Regisseur (→vgl. S. 78) ab. Er fertigt für jeden Tag eine Tagesdisposition an, aus der alle Crewmitglieder

ihre Aufgaben, den Drehort und den Zeitplan entnehmen.

Darüber hinaus kümmert sich der erste AL um Aufenthaltsräume für das Team und die Darsteller, aber auch für Maske, Requisite und Garderobe. Gegebenenfalls mietet er Wohnwagen und Produktionsfahrzeuge an und organisiert alle nötigen Transporte.

Für Auslandsproduktionen erledigt der erste AL Visa- und Zollformalitäten. Außerdem beschafft er Drehgenehmigungen und Arbeitserlaubnisse.

Je nach Größe der Produktion engagiert dieser Spezialist auch Statisten und kümmert sich um die Verpflegung der Crew.

Anders als der zweite AL, arbeitet der erste AL selbst während der „heißen Produktionsphase" überwiegend von seinem Büro aus.

Der zweite Aufnahmeleiter bzw. Set-Aufnahmeleiter

Im Gegensatz zum ersten AL nimmt der Set-Aufnahmeleiter seine Arbeit erst kurz vor Drehbeginn auf. Er kümmert sich nach den Anweisungen des ersten ALs um alle erforderlichen organisatorischen Angelegenheiten. Dazu gehört etwa die Besichtigung der Unterkünfte und Arbeitsräume des Teams.

Als Schnittstelle zwischen dem ersten AL und dem Regisseur sowie der Regieassistenz gibt er alle zwischen diesen nötigen Informationen weiter. Außerdem überwacht er die Einhaltung der disponierten Zeiten.

Nach jedem Drehtag sorgt der Set-Aufnahmeleiter für den Transport der Tonbänder und des Filmmaterials zum Kopierwerk.

Wie wird man Aufnahmeleiter?

Für den Einstieg in diesen Beruf kommt zunächst der Quereinstieg infrage. Ein typischer Werdegang sieht dabei so aus: kaufmännische Ausbildung (z.B. als Kaufmann/-frau für audiovisuelle Medien, →vgl. S 34), Praktika, Assistenz der Aufnahmeleitung, Set-Aufnahmeleiter, erster Aufnahmeleiter.

Alternativ bietet die Hamburger „Ausbildungsgemeinschaft für Medienberufe" (AGM) ein zweijähriges Volontariat zum Aufnahmeleiter an. Die AGM ist ein Zusammenschluss öffentlich-rechtlicher Rundfunkanstalten und einiger bedeutender Medienunternehmen. Sie bietet eine betriebsübergreifende Berufsausbildung, in deren Rahmen die Volontäre bei Produktionen aller Art eingesetzt werden – von Spiel- und Unterhaltungsfilmen bis hin zu Dokumentarberichten.

Spezialisierung und Weiterbildung

Das Kölner Filmhaus qualifiziert in einer zehnmonatigen Weiterbildung zum Aufnahmeleiter. Dabei besteht der Lehrplan zu einem Drittel aus theoretischer Ausbildung und zu zwei Dritteln aus Praxisphasen. Teilnehmer können die Fortbildung mit einer Zertifikatsprüfung vor der Industrie- und Handelskammer Köln abschließen.

Über zusätzliche Weiterbildungs- sowie über Spezialisierungsangebote informiert die Datenbank KURS des Arbeitsamtes unter *http://berufenet.arbeitsamt.de/bnet2/A/B8352101weiterb_t.html*.

Stellensuche

Für die Stellensuche empfehlen sich Initiativbewerbungen bei potenziellen Arbeitgebern. Dabei handelt es sich um öffentlich-rechtliche bzw. private Rundfunkanstalten sowie Film- und Fernsehproduktionsgesellschaften.

Marktbeobachtungen

Aufnahmeleiter sollten vor allem Nervenstärke und Organisationsgeschick besitzen. Denn dass ein Drehplan genauso abläuft wie vorgesehen, ist eher selten: Mal erkrankt ein Schauspieler, mal verhindert das Wetter den Außendreh.

Während des Volontariates in der Ausbildungsgemeinschaft für Medienberufe erhalten angehende Aufnahmeleiter eine monatliche Bruttovergütung von 765 Euro.

Fertig ausgebildete Aufnahmeleiter können auf eine tarifliche Mindestwochengage von 993 Euro kommen.

Weiterführende Informationen

Ausbildungsgemeinschaft für Medienberufe, Hugh-Greene-Weg, 22529 Hamburg, Tel.: 040/41 56-43 23

Bundesverband Produktion, *www.bv-produktion.de*

Gumprecht, Hans-Peter (2002): Ruhe bitte! Aufnahmeleitung bei Film und Fernsehen, Konstanz: UVK Medien Verlag, 258 Seiten, 24,90 Euro

Dress, Peter (2002): Vor Drehbeginn. Effektive Planung von Film- und Fernsehproduktionen, Bergisch Gladbach: Bastei Lübbe, 349 Seiten, 14,90 Euro

Bibliothekar
Bibliothekarin

Was machen Bibliothekare?

Bibliothekare des höheren Dienstes (auch „Wissenschaftliche Bibliothekare" genannt) sind Informationsmanager im weitesten Sinne: Sie erwerben und katalogisieren Bücher und beraten Bibliotheksnutzer. Ihre Aufgaben lassen sich dabei grob in fachwissenschaftliche und organisatorisch-verwaltende unterteilen.

Fachwissenschaftlich arbeiten sie beim Aufbau des Bestandes, dessen Erschließung und Vermittlung. Mit Hilfe von Erwerbsrichtlinien entscheidet der Wissenschaftliche Bibliothekar, welche Sachgebiete in der Bibliothek gepflegt werden. Er bestimmt die durch Kauf oder Tausch zu erwerbende Literatur oder andere Informationsträger durch die Auswertung von Schriftennachweisen wie Bibliographien oder Verlagsankündigungen. Seine eigene wissenschaftliche Ausbildung hilft ihm dabei, die Erwerbswürdigkeit einer Publikation einzuschätzen. In der Regel nämlich betreuen die Bibliothekare ein Gebiet, das sie selbst studiert haben.

Sachkataloge erschließen die Bibliotheksbestände, die entsprechende Systematisierung ist ein Hauptaufgabengebiet des Wissenschaftlichen Bibliothekars. Man unterscheidet zwischen klassifikatorischer und verbaler Erschließung.

Die Klassifizierung kann standortgebunden oder standortfrei sein, d.h., sie kann gleichzeitig den Standort des Buches in der Bibliothek durch die Signatur angeben oder nur dem Buch einen Platz im System der Wissenschaften zuweisen.

Die verbale Sacherschließung meint eine Verschlagwortung. Schlagwörter sollen den Inhalt eines Werkes in der kürzestmöglichen Form wiedergeben – gerade in Online-Katalogen wird vorwiegend nach diesen Inseln in der Informationsflut gesucht.

Die organisatorische Arbeit dieser Bibliothekare umfasst v.a. Leitungsaufgaben im Bibliotheksbetrieb und in der Verwaltung. Im Erwerbsbereich geht es dabei um die Festlegung etwa des Beschaffungsbedarfes der Wissenschaftsgebiete, der Grundsätze der Zusammenarbeit mit dem Buchhandel oder des Einsatzes technischer Informationsmöglichkeiten. Im Bereich der Katalogisierung sind Entscheidungen zur Verwendung von Regelwerken zu treffen.

Eine schöne Grundlage, um zukünftige Herausforderungen und Veränderungen in diesem Berufsbild zu reflektieren, findet sich übrigens auf der Website der „Bundesvereinigung Deutscher Bibliotheksverbände" (*www.bdbverband.de*→ Link→ „Publikationen" → „Berufsbild 2000: Bibliotheken und Bibliothekare im Wandel" mit Bestell- und Downloadmöglichkeit).

Wie wird man Bibliothekar?

Zugangsvoraussetzung ist zunächst ein abgeschlossenes wissenschaftliches Vollstudium mit Abschluss Magister, Diplom, erstes Staatsexamen oder Promotion. Zudem müssen die allgemeinen Kriterien für die Ernennung zum Beamten erfüllt sein.

Die eigentliche Ausbildung erfolgt dann im Rahmen eines zweijährigen Vorbereitungsdienstes für den höheren Dienst an wissenschaftlichen Bibliotheken. Dieses Referendariat umfasst einen theoretischen und einen praktischen Teil von in der Regel je einem Jahr. Der einjährige praktische Abschnitt findet in einer Ausbildungsbibliothek statt. Im „Theoriejahr" werden unter anderem Kenntnisse über das deutsche Bibliothekswesen, den Einsatz von Datenverarbeitung in der Bibliothek, die Sacherschließung sowie über Erwerb und Bestandsaufbau vermittelt. Je nach Bundesland heißt man nach erfolgreichem Abschluss des Referendariates „Assessor/-in des Bibliotheksdienstes" oder „Bibliotheksassessor/-in".

Spezialisierung und Weiterbildung

Wissenschaftliche Bibliothekare spezialisieren sich als so genannte „Fachreferenten" auf ein Themengebiet, etwa „Betriebswirtschaftslehre" oder „Afrika". Dieses Gebiet weist in der Regel einen Bezug zu den Fächern auf, die die Bibliothekare selbst studiert haben.

Eine Fundgrube in Sachen Fortbildung stellt im Internet die Website des „Berufsverbands Information Bibliothek" dar (*www.bib-info.de* ➜ Link „BIB-Fortbildung"). Bildungshungrige Fachreferenten sollten aber auch einen Blick auf die Seite des „Vereins Deutscher Bibliothekare e.V." werfen (www.vdb-online.org ➜ Link „Der VDB von A bis Z" ➜ Links „Fortbildungsveranstaltungen für Fachreferenten" bzw. „Fortbildungsveranstaltungen allg.").

Stellensuche

Stellen für Bibliothekare finden sich regelmäßig in der Zeitschrift „arbeitsmarkt Bildung Kultur Sozialwesen" des Wissenschaftsladens Bonn (*www.wilabonn.de*).

Im Internet hilft oft der Blick in SIS, den Stellen-Informations-Service des Arbeitsamtes unter *www.arbeitsamt.de*.

Oder Sie kontaktieren potenzielle Arbeitgeber und fragen dort nach offenen Stellen. Das können neben Hochschulbibliotheken auch universale Bibliotheken von überregionaler Bedeutung, Landes- und wissenschaftliche Stadtbibliotheken, Spezialbibliotheken oder zentrale Institutionen des Bibliothekswesens sein.

Marktbeobachtungen

In diesem Beruf ist zunehmend informationstechnische Kompetenz gefragt. Wissen über elektronische Netze, Informationssysteme und Suchmechanismen, Datenbankverwaltungssysteme, elektronische Katalogisierung ist unerlässlich und erfordert ständige Weiterbildungsbereitschaft.

Beamte und Beamtinnen im höheren Bibliotheksdienst beginnen mit Bezügen nach Besoldungsgruppe A 13 und können je nach Laufbahn bis A 16 erreichen. Angestellte im höheren Bibliotheksdienst erhalten eine Vergütung nach BAT Ia und können bis BAT Ib und Ia aufsteigen.

Weiterführende Informationen

Berufsverband Information Bibliothek, *www.bib-info.de*

Bundesvereinigung Deutscher Bibliotheksverbände, *www.bdbverband.de*

Bildjournalist und Fotograf
Bildjournalistin und Fotografin

Was machen Fotografen und Bildjournalisten?

Pass- und Bewerbungsfotos, Kommunions- und Hochzeitsbilder, kunstvolle Porträts, für sie alle sind die Fotografen der Fotofachgeschäfte zuständig. Bildnisfotografie ist aber nur ein Teil dessen, was sie zu tun haben: Laborarbeit für Schwarzweiß- und Farbaufnahmen, Vergrößerungen, Reproduktionen und Retuschieren am PC sind weitere typische Tätigkeiten. Hinzu kommen der Verkauf von Filmen, Kameras und Zubehör sowie die Beratung über diese Produkte.

Ein großes Einsatzgebiet finden Fotografen auch außerhalb von Fotofachgeschäften. Werbefotografen arbeiten beispielsweise meist in größeren Studios. In Teamarbeit mit Handwerkern, Fotomodellen, Visagisten und dem Artdirector fangen sie Stimmungen und Eindrücke ein.

Fotos benötigt man zudem in Wissenschaft und Technik. Industriefotografen halten zum Beispiel den Produktionsablauf einzelner Maschinen in Bilderserien fest. Sie arbeiten selten im Studio, sondern sind dann eher in Fabrikhallen und auf Baustellen unterwegs.

Im Pressewesen arbeiten Fotografen als Bildjournalisten. Mit ihren Aufnahmen machen sie wichtige Ereignisse aus allen Lebensbereichen für den Leser optisch zugänglich. Dabei wählen sie das Motiv nach Aktualität und Aussagekraft aus. Bildjournalisten gehen einerseits selbst zu Fototerminen. Andererseits haben sie aber gerade im tagesaktuellen Bereich auch die Aufgabe, das Bildmaterial der Agenturen zu sondieren. Außerdem texten sie Bild-über- und -unterschriften.

Die Spezialisten vergeben aber auch Aufträge an externe Fotografen. Dafür erstellen sie ein Briefing, das präzise vermittelt, wie ihre Zulieferer ein Thema umsetzen und welche Stimmung die Aufnah- men transportien sollen.

Zudem pflegen Bildjournalisten digitale Bilddatenbanken und bearbeiten bei Bedarf Fotos nach.

Wie wird man Fotograf bzw. Bildjournalist?

Zum Beruf des Fotografen führt eine dreijährige Ausbildung im dualen System.

Für den Einstieg in den Bildjournalismus empfiehlt sich entweder ein zweijähriges Fotovolontariat bei einem Printmedium oder ein Studium. Fotografie gehört an Hochschulen meist zu Studiengängen wie Kommunikations- oder Grafikdesign bzw. Visueller Kommunikation:

→Hochschule für Bildende Künste Braunschweig: *www.hbk-bs.de*
→Hochschule der Künste Berlin: *www.hdk-berlin.de*
→Hochschule für bildende Künste Hamburg: *www.hfbk-hamburg.de*
→Universität Gesamthochschule Essen: *www.uni-essen.de*
→Kunsthochschule Kassel: *www.kunsthochschulekassel.de*
→Kunsthochschule für Medien Köln: *www.khm.de*
→Hochschule für Grafik und Buchkunst Leipzig: *www.hgb-leipzig.de*

→ Hochschule der Bildenden Künste Saar:
www.hbks.uni-sb.de
→ FachhochschuleMünchen: *www.fhm.edu*
→ Fachhochschule Bielefeld:
www.fh-bielefeld.de

Spezialisierung und Weiterbildung

In der Produktfotografie oder der wissenschaftlichen Fotografie, in der Reproduktion oder der Kriminalisitik, als Landschafts-, Mode- oder Sportfotograf – überall eröffnen sich Fotografen Spezialisierungsmöglichkeiten.

Durch gezielte Lehrgänge können sie sich zum Geprüften Foto- und Medientechnischen Assistenten oder zum Kamera-Assistenten weiterbilden.

Stellensuche

Interessierte sollten sich bei der örtlichen Handwerkskammer nach Ausbildungsplätzen erkundigen. Das funktioniert heute übrigens zumeist auch online, da die Kammern auf ihrer jeweiligen Homepage in der Regel einen Link „Ausbildungsbörse" bzw. „Lehrstellenbörse" anbieten.

Im Internet hilft oft der Blick in ASIS, den Ausbildungsplatz-Informationsservice des Arbeitsamtes, unter *www.arbeitsamt.de*.

Für Initiativbewerbungen empfiehlt sich die Suche nach Ausbildungsbetrieben in den Gelben Seiten. Dazu gehören Fotofachhandelsgeschäfte, Fotogroßlabors, die Fotoabteilungen von Kaufhäusern oder Drogerien sowie Verlage.

Wer sich für eine Ausbildung oder die Arbeit in einer Pressebildagentur interessiert, findet auf der Website des Bundesverbandes der Pressebildagenturen und Bildarchive e.V. (*www.bvpa-ev.org*) nicht nur eine entsprechende Adressliste, sondern auch eine Jobbörse.

Marktbeobachtungen

Noch immer gibt es Verlagshäuser, die offenbar bewusst auf eine Umgehung geltender Tarifverträge setzen.

Für Bildjournalisten bedeutet das: Entweder beschäftigt man die Betroffenen als Freie oder Pauschalisten, oder aber die Arbeitgeber ordnen sie dem Tarifvertrag für Verlagsangestellte zu. Letzteres geschieht dann mit der Begründung, der Tarifvertrag für Redakteure gelte nur für kreativ tätige Redakteure.

Allerdings gibt es nach Beobachtungen des Deutschen Journalistenverbandes (*www.djv.de*) Lichtblicke: Demnach haben seit 1998 zahlreiche Verlage Bildjournalisten als fest angestellte Redakteure übernommen. Diese Entwicklung ist einerseits der Gesetzgebung zum Abbau der Scheinselbstständigkeit, andererseits erfolgreichen Prozessen Betroffener zu verdanken.

Digitale Proofsysteme, Scanner und Bildbearbeitungsprogramme ersetzen zunehmend die Dunkelkammer. Das Wissen über die neuen Techniken wird damit zum Muss für jeden ernst zu nehmenden Fotografen.

Als Angestellte können Fotografen eine tarifliche Grundvergütung von 2.670 Euro erhalten.

Weiterführende Informationen

www.djv.de/djv/fachausschuss/fach_bildjournalisten.shtml: Mit seinem „Fachausschuss Bildjournalisten" stellt der Deutsche Journalistenverband die bundesweit größte Interessenvertretung für freie und fest angestellte Bildjournalisten dar.

www.bvpa-ev.org: Die Website des Bundesverbandes der Pressebildagenturen und Bildarchive e.V. gibt unter anderem Seminar- und Veranstaltungstipps.

Buchhändler

Buchhändlerin

Was machen Buchhändler?

Buchhändler kaufen, verkaufen und präsentieren Bücher. Außerdem beraten sie ihre Kunden, und dies nicht nur in Buchhandlungen, sondern auch in Buchverlagen, Antiquariaten und im Zwischenbuchhandel.

Die Arbeitsschwerpunkte von Buchhändlern und die mit ihnen verbundenen Anforderungen sind je nach Art des Unternehmens sehr unterschiedlich. Gemeinsam ist allen Buchhändlern die Orientierung am Kunden. Denn dieser erwartet ein marktorientiertes Angebot und kompetente Beratung, wozu in diesem Beruf häufig auch Recherchen im Internet oder in internen Datennetzen gehören. Daher ist dieser Beruf vor allem auch ein kaufmännischer Beruf, der neben betriebswirtschaftlichen Kenntnissen auf den Gebieten von Einkauf, Verkauf und Marketing Fachwissen aus dem jeweiligen Angebot verlangt.

Die Ausbildung kann in den drei Schwerpunkten Sortiment, Verlag und Antiquariat absolviert werden.

Ein Verlagsbuchhändler muss schon lange vor der Herstellung die Gestaltung einer Neuerscheinung festlegen sowie die Auflagenhöhe und den Preis kalkulieren. Kommt der Titel dann auf den Markt, ist gute Werbung wichtig. Zeitungsanzeigen sind zu veranlassen, Rezensionsexemplare müssen versandt werden. Der Buchhändler organisiert die Auslieferung und wickelt den Rechnungsverkehr mit Autoren, Druckereien und Bestellern ab.

Den größten Teil der Auflage nehmen die Zwischenhändler ab. Diese „Grossisten" halten ein umfangreiches Lager aller gängigen Bücher bereit und liefern bestimmte Titel meist über Nacht an Buchhandlungen. Der Buchhändler, der im Sortiment arbeitet, nutzt für die Lagerkontrolle, die Überwachung des Bestelleingangs und die Lieferung in der Regel EDV-Programme.

Mit Hilfe von historischen Bibliografien und speziellen Katalogen stöbern Antiquariatsbuchhändler antiquarische Bücher, Drucke, Grafiken und Handzeichnungen auf, die Kunden wünschen. Im Antiquariatsbuchhandel bezieht man Bücher im Normalfall nicht über Verlage oder den Großhandel, sondern über Auktionen, Messen, von Privatkunden, aus Nachlässen oder von Sammlern.

Antiquariatsbuchhändler bewerten, ersteigern und kaufen antiquarische Druckerzeugnisse, katalogisieren den Bestand und lagern die Waren fachgerecht. Außerdem setzen sie den Verkaufspreis fest, der keiner Bindung unterliegt. Im Buchladen, über Kataloge, auf Messen und Auktionen verkaufen und versteigern sie schließlich die antiquariarischen Druckerzeugnisse weiter.

Wie wird man Buchhändler?

Zu diesem Beruf führt eine dreijährige Ausbildung im dualen System.

Spezialisierung und Weiterbildung

Auch innerhalb ihrer drei möglichen Schwerpunkte können sich Buchhändler noch weiter spezialisieren.

Ein Sortimentsbuchhändler beispielsweise kann sich so mit der Zeit zum ausgesprochenen Experten entwickeln, sei es für einen Wissenschaftsbereich, für Kinder-, Hobby- oder Reisebücher. Vielleicht zieht er es auch vor, bestimmte Verwaltungsaufgaben zu übernehmen.

Auch im Schwerpunkt „Verlag" bieten sich Spezialisierungsmöglichkeiten: Der „Hersteller" etwa vereinigt buchtechnisches Wissen mit betriebswirtschaftlichen Fähigkeiten. Seine Aufgabe ist es, den Herstellungsprozess von Druckerzeugnissen zu organisieren. Für diese Position gibt es noch keine geregelte Ausbildung, man erlernt das „Herstellen" durch langjährige Praxis und zusätzliche Kurse.

Für Nachwuchskräfte in leitenden Positionen hat der Buchhandel viele Fortbildungsmöglichkeiten geschaffen: von Kursen über aktuelle Themen bis hin zu Studiengängen bei der Fachschule des Deutschen Buchhandels, die zum „Assistenten im Buchhandel" führen.

Stellensuche

Interessierte können sich bei der örtlichen Industrie- und Handelskammer nach Ausbildungsplätzen erkundigen. Das funktioniert heute übrigens zumeist auch online, da die IHKn auf ihrer jeweiligen Homepage in der Regel einen Link „Ausbildungsbörse" bzw. „Lehrstellenbörse" anbieten.

Im Internet hilft oft der Blick in ASIS, den Ausbildungsplatz-Informationsservice des Arbeitsamtes, unter *www.arbeitsamt.de*.

Oder Sie suchen in den Gelben Seiten Ihrer Region nach Buchhandlungen, Verlagen, Antiquariaten oder Zwischenhändlern und fragen dort nach Ausbildungsplätzen.

Marktbeobachtungen

In großen oder besonders spezialisierten Buchhandlungen brauchen Buchhändler Fachwissen zu den jeweiligen Themengebieten der Titel. Schließlich müssen sie weiterhelfen können, wenn ein Kunde ein wissenschaftliches Werk sucht oder nur unvollständige Angaben zu einem Werk gibt.

Vor allem im Einzelhandel sollten diese Spezialisten die Eigenschaften eines guten Verkäufers besitzen: Einfühlungsvermögen, Kontaktfreudigkeit und Geduld, um auf unterschiedlichste Wünsche freundlich einzugehen.

Die Ausbildungsvergütung beträgt im ersten Lehrjahr 590 Euro, im zweiten 656 und im dritten 752 Euro.

Weiterführende Informationen

Bramann, Klaus-Wilhem u.a. (2001): ABC des Buchhandels, Lexika Verlag, 314 Seiten, 25 Euro

Torberg, Peter (2001): Vom Geschäft mit Büchern. Vergangenheit, Gegenwart und Zukunft des Verlagswesens, Midas Management Verlag, 183 Seiten, 19,80 Euro

Dramaturg

Dramaturgin

Was machen Dramaturgen?

„Da könnte vielleicht was draus zu machen sein – die Thematik ist aktuell, und die Schauspieler hätten wir." Dieser Gedanke geht einem Dramaturgen im Kopf herum, während er das Manuskript eines Autors liest. Dramaturgen sind ständig auf der Suche nach Stücken, die für „ihr" Theater geeignet sind, die sich zu einem ausgewogenen Spielplan zusammenstellen lassen, die mit den Ensemblemitgliedern zu spielen sind, die Besucher anlocken – und die sich mit dem immer viel zu knappen Etat verwirklichen lassen.

Während solche Überlegungen alle Dramaturgen betreffen, variiert ihre Arbeit je nach der künstlerischen Schwerpunktsetzung der Bühne: Der Schauspieldramaturg liest Stücke und schlägt sie – gleich mit einer möglichen Besetzung – vor. Der Musikdramaturg durchforstet beispielsweise Partituren, um verschiedene Stücke zu finden, die sich zu einem übergeordneten Thema zusammenfassen lassen. Andere mögliche Spezialisierungen sind Sprechtheaterdramaturg oder Kinder- und Jugendtheaterdramaturg.

An deutschen Bühnen hat sich in den vergangenen Jahren eine Spaltung des Berufsbildes in klassisch ausgerichtete Dramaturgen und solche für Öffentlichkeitsarbeit ergeben. Dies liegt daran, dass beide Schwerpunkte für sich genommen zeitintensiv, jedoch gleichermaßen wichtig sind.

Dramaturgen für Öffentlichkeitsarbeit sind „Theatervermittler". Sie schreiben Pressemitteilungen, in denen sie Aufführungen ankündigen, führen Besucher oder Journalisten durch das Theater oder texten Werbeslogans (für ein Musical über den bayerischen „Märchenkönig" Ludwig II. gestaltete ein Dramaturg einmal eine Fotomontage, die den Regenten mit Bauhelm zeigte – und textete dazu den Slogan „Jetzt baut er wieder"). Vielleicht entwirft er, nun klassischer „Merchandiser", auch Begleitartikel wie bedruckte T-Shirts oder Bleistifte.

Dramaturgen für Öffentlichkeitsarbeit pflegen auch Kontakte zur Lokalpresse und zu den Multiplikatoren der Fachzeitschriften.

Der klassisch ausgerichtete Dramaturg arbeitet vor allem am Programmheft, am Spielplan und an der wissenschaftlich-historischen Betreuung des nächsten Stückes. Dafür recherchiert er beispielsweise in der Sekundärliteratur, welche Kostüme und Bühnenbilder zu der Zeit passen, in der ein Stück spielt. Außerdem ermittelt er, wie sich das Werk in der Entstehungszeit und in der Biografie des Autors verorten lässt: In welcher politischen bzw. gesellschaftlichen Situation ist das Stück entstanden? Gibt es autobiografische Züge? Als strenger, „erster" Kritiker der Proben achtet er dann darauf, die szenische Umsetzung mit solchen konzeptionellen Vorüberlegungen in Einklang zu bringen. Kurzum, Dramaturgen sind Multitalente. Sie sind Künstler, Verwalter und Manager in einem.

Gute Dramaturgen haben einen wachen politischen Verstand, ein Gespür für gesellschaftliche Entwicklungen. Schließlich hat gutes Theater den Anspruch, Bezüge zu den Themen der Zeit herzustellen.

Außerdem sollte ihr Interesse mehr dem Inszenieren von Stücken als der eigenen Person gelten: Dramaturgen stehen, anders als etwa Schauspieler, nicht im Rampenlicht. Wer sich mit der Rolle als wertvoller Hintergrundarbeiter nicht anfreunden kann, ist für diesen Beruf ungeeignet.

Wie wird man Dramaturg?

Der Zugang zu diesem Beruf ist nicht geregelt. Ein Großteil der Beschäftigten hat ein Studium der Theaterwissenschaft absolviert. Die Wahl der Nebenfächer empfiehlt sich dabei je nach der ins Auge gefassten späteren Spezialisierung – dem Musikdramaturgen etwa mag das Nebenfach Musikwissenschaft für sein Berufsleben nützlich sein. Andere, häufig gewählte Nebenfächer sind Germanistik und Kunstgeschichte.

André Meyer, Musikdramaturg an den Städtischen Bühnen Münster, empfiehlt die Kombination aus Theaterwissenschaft und viel Praxis: „Das Studium der Theaterwissenschaft vermittelt die wichtigsten Grundlagen des Berufes, etwa Formen, Stile des Theaters, Aspekte von Dramaturgie, Kritik und Inszenierung oder die Analyse von Szenen und Aufführungen. Wer dann noch Praktika nachweisen kann, hat ein gutes ,Startpaket', denn Theater entscheidet sich auf der Bühne. Nur hier und nicht im Studium lernt man das ,Gucken', Bewerten und Verbessern."

Eine weitere Möglichkeit ist der Diplomstudiengang Dramaturgie, den das Institut für Romanische Philologie der Ludwig-Maximilians-Universität München anbietet (*www.romanistik.uni-muenchen.de*).

Praxisbeispiel André Meyer

Miltons „Paradise Lost" und Prokofjews „Der Feurige Engel" haben eines gemeinsam: Beide thematisieren religiösen Glauben. „Darum habe ich unter anderem diese Werke dem Intendanten für einen Spielplan zum Generalthema ,Glauben' vorgeschlagen", blickt André Meyer, Musikdramaturg an den Städtischen Bühnen Münster, zurück. Die Auswahl von Musik- und Schauspielstücken zu einem Leitmotiv gehört zur künstlerischen Arbeit von André Meyer.

Steht die Liste für den Spielplan, beginnt der organisatorische Teil seiner Aufgaben: „Da überlege ich dann, wie sich das Programm umsetzen lässt. Dazu gehören die Fragen, welche Sänger verfügbar sind und ob das Stück von seiner Größe her probentechnisch und finanziell machbar ist."

Ist dies alles geklärt, vermittelt der Musikdramaturg den Spielplan an die Öffentlichkeit: „Dazu gehört, den städtischen Kulturausschuss mit Stückbeschreibungen, die ich anfertige, zu überzeugen. Schließlich sind wir als öffentliche Einrichtungen auf Gelder der Stadt angewiesen. Diese ,Exposés' werden aber auch im Jahresheft für die Abonnenten abgedruckt – dies ist dann die erste Gelegenheit, bei der sich auch das Publikum eine Meinung zu unseren geplanten Aufführungen bilden kann."

Nach der Vermittlung in die Stadt hinein gilt es, gemeinsam mit dem Leitungsteam (Regisseur, Ausstattung, Dirigent) für die szenische Gestaltung und Realisierung der Stücke zu sorgen. Während der Probenzeit steht André Meyer dem Regisseur hierfür als Gesprächspartner zur Verfügung. Außerdem bereitet er die Öffentlichkeit auf das Stück vor – etwa mit Einladungen an Journalisten, Pressegesprächen oder Einführungsmatineen. Meyer bilanziert: „Der Dramaturg ist eine Art wissenschaftlicher Berater im Haus: Für den Intendanten im Hinblick auf Spielplanung, Besetzung, Auswahl der Regisseure, Themen etc. Für den Regisseur hinsichtlich der Konzeption zu einem Werk, also etwa der Analyse des

Spezialisierung und Weiterbildung

Ob Schauspiel, Musik oder Kinder- und Jugendtheater: Dramaturgen können sich auf unterschiedliche Theatertypen und die mit ihnen verbundenen spezifischen Stücke spezialisieren.

Die Weiterbildungsmöglichkeiten sind dürftig. Ein Angebot sind hier die jährlichen Tagungen der Berliner Dramaturgischen Gesellschaft (www.forum-dramaturgie.de), die an jeweils verschiedenen Orten stattfinden.

Seit 2002 bietet die neu gegründete Hessische Theaterakademie den Aufbaustudiengang Dramaturgie an, in dem die Studierenden auch mit praktischen Übungen in Regie und Ausstattung auf die Theaterarbeit vorbereitet werden. Die Hessische Theaterakademie ist ein Studien- und Produktionsverbund aus theaterbezogenen Studiengängen hessischer Hochschulen und den wichtigsten hessischen Stadt- und Staatstheatern. Sie bildet für sämtliche künstlerischen und operativen Theaterberufe aus.

Nähere Informationen zur Akademie gibt es auf der Homepage des Instituts für Theater-, Film- und Medienwissenschaft der Universität Frankfurt (www.uni-frankfurt.de/fb10/tfm/).

Stellensuche

Stellen für Dramaturgen finden sich unregelmäßig in der Zeitschrift „arbeitsmarkt Bildung Kultur Sozialwesen" des Wissenschaftsladens Bonn (www.wilabonn.de). In „arbeitsmarkt" werden unter anderem die Stellen aus den Fachzeitschriften „Die Deutsche Bühne" und „Bühnengenossenschaft" ausgewertet – zwei Abonnements, auf die man so also verzichten kann.

Im Internet hilft oft der Blick in SIS, den Stellen-Informations-Service des Arbeitsamtes unter *www.arbeitsamt.de*. Klein und fein sind die Jobbörsen unter *www.kulturmanagement.de* und *www.buehnenverein.de*, die alle Theaterberufe abdecken.

Oder Sie suchen in den Gelben Seiten Ihrer Region nach öffentlichen oder privaten Theatern, Freilichtbühnen, Rundfunk-, Film- und Fernsehanstalten und fragen dort nach offenen Stellen.

Stellensuchende sollten sich zudem bei der Zentralen Bühnen-, Fernseh- und Filmvermittlung (ZBF) in Frankfurt nach Vakanzen erkundigen. Die ZBF ist die größte deutsche Vermittlungsagentur für Angehörige künstlerischer und technischer Berufe in Schauspiel, Musiktheater, Film und Fernsehen (http://195.185.214.164/zbf/).

Marktbeobachtungen

Die durchschnittliche wöchentliche Arbeitszeit von Dramaturgen liegt bei 40 bis 60 Stunden. In Theatern, bei Film, Funk und Fernsehen, insbesondere bei der Begleitung von Inszenierungen bzw. Produktionen sind Dramaturgen zu den üblichen Probenzeiten anwesend, gegebenfalls auch vor und während der Vorstellungen. Das heißt, sie arbeiten auch am Abend und an Wochenenden – und „wenn Weihnachten Premiere ist, fällt Weihnachten für den Dramaturgen eben aus", fügt André Meyer hinzu.

Das Einstiegsgehalt für Dramaturgen beträgt seit dem 1. Januar 2003 1.550 Euro Mindestgage (vorher: 1.280 Euro). Der Rest ist Verhandlungssache. Bei den Gehaltsgesprächen spielt neben dem Verhandlungsgeschick des Einzelnen auch der finanzielle Spielraum des Theaters eine Rolle. Nach fünf Jahren Berufstätigkeit können Theaterdramaturgen je nach Größe des Hauses zwischen 1.600 und 2.500 Euro im Monat verdienen. Bekannte

historischen Entstehungskontextes des Stückes. Für das Publikum schließlich in Form von Einführungen, selbst verfassten Texten und Programmheften.

André Meyer empfiehlt dem interessierten Nachwuchs, ausbildungsbegleitend neben Dramaturgie-Praktika auch mindestens eine Regiehospitanz zu absolvieren: „Dabei lernt man, die Möglichkeiten der Theatertechnik richtig einzuschätzen."

→ *Die Städtischen Bühnen Münster im Internet: www.theater.muenster.org*

Dramaturgen an Großstadtbühnen bringen es auf Spitzengagen von 5.000 bis 8.000 Euro.

Weiterführende Informationen

Genossenschaft Deutscher Bühnen-Angehöriger,
www.buehnengenossenschaft.de
Deutscher Bühnenverein,
www.buehnenverein.de
Dramaturgische Gesellschaft,
www.forum-dramaturgie.de

Fachangestellte/r für Medien- und Informationsdienste

Was machen Fachangestellte für Medien- und Informationsdienste?

Fachangestellte für Medien- und Informationsdienste sind moderne „Info-Broker". In fünf Fachrichtungen verwalten sie Informationen unterschiedlichster Form (etwa Bücher, Akten, elektronische Dateien oder Abbildungen) und machen sie Interessenten zugänglich.

Fachangestellte der Fachrichtung Archiv sind Spezialisten für Schriftstücke, die teils sehr alt sein können. Sie beraten Benutzer und übernehmen Rechercheaufgaben. Außerdem überprüfen sie die Archivwürdigkeit von angebotenem Material, kontrollieren die Bestände und arbeiten bei der Beschaffung von zeitgeschichtlichem Dokumentationsmaterial mit.

In der Fachrichtung Bibliothek steht die Bestandswahrung und Erweiterung von Bibliotheken im Mittelpunkt. Hier bestellen die Fachangestellten neue Bücher, kontrollieren die Lieferungen und sortieren sie ein. Außerdem pflegen sie die Kundenkartei und nehmen Vorbestellungen an.

Überwiegend mit elektronisch aufbereiteten Daten arbeiten Fachangestellte der Fachrichtung Information und Dokumentation. Sie bauen vor allem Datenbanken mit ihrer Fülle von Informationen auf, aktualisieren sie regelmäßig und nutzen sie für Rechercheaufträge.

In der Fachrichtung Bildagentur stehen die Annahme von Aufträgen sowie der Versand und die Bearbeitung der Rücksendungen von Bildmaterial im Vordergrund. Das Verfassen von Bildtexten gehört ebenso zu den Aufgaben dieser Profis wie die Vergabe von Aufträgen an Fotografen.

Wer schließlich in der Fachrichtung Medizinische Dokumentation tätig ist, befasst sich zum Beispiel mit der Sammlung, Erfassung und Strukturierung medizinischer Informationen. Diese Fachangestellten erledigen aber auch patientennahe Verwaltungsaufgaben und überwachen den Zugang zu personenbezogenen medizinischen Daten.

Wie wird man Fachangestellter für Medien- und Informationsdienste?

Zu diesem Beruf führt eine dreijährige Ausbildung im dualen System, die man in einer der beschriebenen Fachrichtungen absolviert. Dabei stehen im ersten und zweiten Jahr fachrichtungsübergreifende Inhalte auf dem Lehrplan, im dritten Jahr erfolgt dann die Spezialisierung.

Spezialisierung und Weiterbildung

Je nach Neigung und betrieblichem Bedarf übernehmen die Fachangestellten verschiedene Tätigkeitsschwerpunkte:

Benutzerdienst, Magazinverwaltung, Auskunft/Kundenpflege, Aufbau und Pflege von Internetangeboten, Datenbankkontrolle oder Informationsrecherche sind eine mögliche Auswahl.

Technische und arbeitsorganisatorische Veränderungen machen es nötig, sich kontinuierlich fortzubilden. Verwaltungen, Fachhochschulen des Bibliotheks- und Dokumentationswesens oder Berufsverbände bieten entsprechende Seminare zu verschiedenen Themen an. Je nach Fachrichtung informiert die Datenbank KURS des Arbeitsamtes unter nachstehenden Internetadressen über Weiterbildungsmöglichkeiten:

→ Archiv:
http://berufenet.arbeitsamt.de/bnet2/F/B8234107weiterb_t.html
→ Bibliothek:
http://berufenet.arbeitsamt.de/bnet2/F/B8232102weiterb_t.html
→ Information und Dokumentation:
http://berufenet.arbeitsamt.de/bnet2/F/B8234106weiterb_t.html
→ Bildagentur:
http://berufenet.arbeitsamt.de/bnet2/F/B8234108weiterb_t.html
→ Medizinische Dokumentation:
http://berufenet.arbeitsamt.de/bnet2/F/B8234110weiterb_t.html

Stellensuche

Interessierte können sich bei der örtlichen Industrie- und Handelskammer nach Ausbildungsplätzen erkundigen. Das funktioniert heute übrigens zumeist auch online, da die IHKn auf ihrer jeweiligen Homepage in der Regel einen Link „Ausbildungsbörse" bzw. „Lehrstellenbörse" anbieten.

Im Internet hilft oft auch der Blick in ASIS, den Ausbildungsplatz-Informationsservice des Arbeitsamtes, unter *www.arbeitsamt.de*.

Für Initiativbewerbungen empfiehlt sich die Suche nach Ausbildungbetrieben in den Gelben Seiten. Potenzielle Arbeitgeber sind – je nach gewählter Fachrichtung – Archive oder Bibliotheken sowie Verlage, Behörden oder Dokumentationsstellen (Fachrichtung „Information und Dokumentation"), Bildagenturen oder Einrichtungen des Gesundheitswesens im Falle der Fachrichtung „Medizinische Dokumentation".

Marktbeobachtungen

Die zunehmende Digitalisierung von Dokumenten und weltweite Vernetzung der Informationsangebote macht die Möglichkeit, auf professionell gesammelte und gepflegte Informationsquellen zuzugreifen, immer wichtiger. Hier sind Fachangestellte für Medien- und Informationsdienste mit ihren profunden Kenntnissen über Informationswege und -quellen gefragt. Dies betrifft den Bereich der Bibliotheken und Archive des öffentlichen Dienstes ebenso wie die Informations- und Dokumentationsbedürfnisse der freien Wirtschaft.

Fachangestellte für Medien- und Informationsdienste erhalten folgende Ausbildungsvergütungen:

→ 1. Ausbildungsjahr: 591 Euro
(alte Bundesländer; neue B.: 523 Euro)
→ 2. Ausbildungsjahr: 638 Euro
(alte Bundesländer; neue B.: 564 Euro)
→ 3. Ausbildungsjahr: 681 Euro
(alte Bundesländer; neue B.: 602 Euro)

Weiterführende Informationen

www.abi-magazin.de/rubrik/ausbildungberuf.jsp: Unter diesem Link findet sich die Online-Ausgabe der Zeitschrift „abi" mit einem Schwerpunktbericht zum Beruf.

www.neue-ausbildungsberufe.de: Der Link *www.neue-ausbildungsberufe.de/Hauptberufe/Fachangest-Medien-Informationsdienste/beispiele/bsp-uebersicht.htm* führt zu lebendigen Praxisbeispielen, in denen Auszubildende aus ihrer Berufspraxis erzählen.

Fachkraft für Veranstaltungstechnik

Was machen Fachkräfte für Veranstaltungstechnik?

Konzerte, Messen, Fernsehshows, Tagungen, Parteitage oder Theateraufführungen: Für den reibungslosen (und spannenden) Ablauf all solcher Events ist jede Menge Technik nötig. Lichttechnik, Tontechnik, Bühnenaufbauten und Podeste sorgen dafür, dass Zuschauer und -hörer alles gut mitbekommen.

Veranstaltungstechniker haben die Aufgabe, den Einsatz all dieser technischen Einrichtungen zu planen, sie aufzubauen und zu bedienen. Für jede Veranstaltung entwickeln sie ein eigenständiges Konzept und kalkulieren es. Hierfür analysieren sie die Kundenwünsche, die Anforderungen des Veranstalters und die örtlichen Ressourcen. In der Regel liefern spezialisierte Dienstleistungsfirmen das nötige Equipment.

Veranstaltungstechniker haben auch die Verantwortung für die Einhaltung der Sicherheitsbestimmungen. Insbesondere bei pyrotechnischen Effekten spielt dies eine wichtige Rolle.

Während der Veranstaltung bedienen sie die Geräte. Am Ende organisieren sie den Abbau und gegebenenfalls die Rücklieferung gemieteter Anlagen.

Wie wird man Fachkraft für Veranstaltungstechnik?

Zu diesem Beruf führt eine dreijährige Ausbildung im dualen System.

Als Ausbildung für Führungskräfte im Bereich der Veranstaltungstechnik gibt es die Ingenieur-Studiengänge „Theater- und Veranstaltungstechnik" (TFH Berlin) und „Medientechnik" (FH Hamburg).

Spezialisierung und Weiterbildung

Tontechnik, Licht, Bühnentechnik oder Messebau: Für die Fachkräfte bieten sich eine Reihe von Seminaren zur Fortbildung an.

Kundenorientiertes Veranstaltungsmanagement ist das Ziel der Weiterbildung zum „Fachwirt für die Messe-, Tagungs- und Kongresswirtschaft IHK". An der Prüfung kann teilnehmen, wer nach abgeschlossener Berufsausbildung bereits zwei Jahre Berufserfahrung gesammelt hat.

Wer die Meisterprüfung anstrebt – was wie in allen Berufen einige Jahre Berufserfahrung voraussetzt –, muss sich übrigens in diesem Beruf zuerst für ein Fachgebiet entscheiden. Angehende Meisterinnen und Meister für Veranstaltungstechnik können zwischen den Fachrichtungen „Bühne/Studio", „Beleuchtung" oder „Halle" wählen.

Über Spezialisierungsmöglichkeiten informiert die Datenbank KURS des Arbeitsamtes unter *http://berufenet.arbeitsamt.de/bnet2/F/B8353104weiterb_t.html*.

Stellensuche

Interessierte sollten sich bei der örtlichen Industrie- und Handelskammer nach Ausbildungsplätzen erkundigen. Das funktioniert heute übrigens zumeist auch online, da die Kammern auf ihrer jeweiligen Homepage in der Regel einen Link „Ausbildungsbörse" bzw. „Lehrstellenbörse" anbieten.

Im Internet hilft oft der Blick in ASIS, den Ausbildungsplatz-Informationsservice des Arbeitsamtes, unter *www.arbeitsamt.de*.

Oder Sie suchen in den Gelben Seiten Ihrer Region nach Betrieben für Bild-, Ton-, Licht- und Veranstaltungstechnik und fragen dort nach Ausbildungsplätzen. Auch Tagungsstätten, Hotelketten oder Industriebetriebe mit eigener Tagungslogistik kommen infrage.

Marktbeobachtungen

Die Anzahl von Live-Veranstaltungen und Fernsehshows steigt seit Jahren. Auch die Technik hat sich erheblich verändert. Viele Veranstaltungstypen sind erst in den letzten Jahrzehnten entstanden. Dies hat den Bedarf nach geschultem Personal erheblich wachsen lassen.

Allerdings lag die Veranstaltungstechnik dabei gleichzeitig lange Zeit in den Händen von technisch versierten Quereinsteigern. Um die Nachfrage zu befriedigen, wurde 1998 der neue Beruf „Fachkraft für Veranstaltungstechnik" geschaffen.

Die Höhe der Ausbildungsvergütung ist tarifgebunden und betrug Ende 2002 im ersten Lehrjahr 502 Euro, im zweiten 585 und im dritten Jahr 668 Euro.

Weiterführende Informationen

Deutsche Theatertechnische Gesellschaft für Theater, Film und Fernsehen (Hrsg.): Bühnentechnische Rundschau. Zeitschrift für Veranstaltungstechnik, Ausstattung, Management

Pieper, Frank (zweite Auflage 2001): Das P. A. Handbuch, G. Carstensen Verlag, 400 Seiten, 25,31 Euro

Der Verband für Professionelle Licht- und Tontechnik bietet Fachliteratur an unter *www.vplt.org*.

Zusätzliche Informationen zu diesem Beruf finden sich im Internet unter *www.neue-ausbildungsberufe.de*.

Deutsche Theatertechnische Gesellschaft, *www.dthg.de*

EVVC – Europäischer Verband der Veranstaltungs-Centren e.V., EVVC – Geschäftsstelle Berlin, *www.evvc.de*

Film- und Videoeditor
Film- und Videoeditorin

Was machen Film- und Videoeditoren?

Bei Medienproduktionen bilden sie die Schnittstelle zwischen Technik und Redaktion: Film- und Videoeditoren setzen auf der Grundlage von Bild- und Tonmaterialien die inhaltlichen und dramaturgischen Vorgaben der Redaktion um.

Als ersten Arbeitsschritt werten sie Exposés und Manuskripte, Drehbücher oder Storyboards (eine Vorstufe zum Drehbuch) unter gestalterischen Gesichtspunkten aus. Dabei überlegen sie beispielsweise, wie eine bestimmte Szene dramatischer „herüberkommen" kann, auch wenn als Handlungsort eigentlich nur ein still gelegtes Industriegelände vorgesehen ist – an dem aber etwas Spannendes passieren soll. Bedeutungsschwere Musik wäre hier eine Möglichkeit. Oder Geräusche, deren Quelle für den Zuschauer nicht direkt sichtbar ist – bei denen es sich also um die Schritte einer unbekannten Person handeln könnte ...

Solche und ähnliche Ideen führen die Editoren dann in der Montage zusammen, indem sie Bild- und Tonquellen zu einem Endprodukt kombinieren. Vielleicht verfremden sie auch Bilder und Schriften, um zusätzlich interessante visuelle Effekte zu erzielen.

Film- und Videoeditoren bereiten Bild- und Tonmaterial zur Synchronisation vor. Wenn eine Produktion Drittquellen wie Töne oder Musik erforderlich macht, wählen sie diese aus und besorgen sie zum Beispiel aus Musik-Archiven. Wird eine bild- und bewegungsechte Übertragung von fremdsprachigen Partien eines Filmes notwendig, legen sie die Ausschnitte für die Sprach- und Geräuschaufnahmen fest und überprüfen die Aufnahmen der Geräuschemacher auf Synchronität. Damit genau dann gelacht wird, wenn in der Filmszene auch tatsächlich ein Witz zu Ende erzählt wurde. Und nicht zwei Minuten später.

Bis zur Verabschiedung der Ausbildungsordnung im Jahr 1996 waren die Fachleute im Bereich Schnitt unter der Bezeichnung „Cutter" bekannt. Der Einstieg in diesen Vorgängerberuf war nicht geregelt.

Wie wird man Film- und Videoeditor?

Zu diesem Beruf führt eine dreijährige Berufsausbildung im dualen System.

Spezialisierung und Weiterbildung

Obwohl neben der klassischen Bild- und Tonbearbeitung immer neue technische Systeme entwickelt werden, gibt es für Film- und Videoeditoren wenige „typische", strukturierte Weiterbildungsangebote. Üblich sind hier betriebsinterne Volontariate oder Fortbildungen der Film- und Fernsehbranche. So gibt es Seminare zu den Themen Filmbeleuchtung und Lichtgestaltung, Color management, Film- und Fernseh-Computeranimation, Sprach- und Audiocodierung oder Tricktechnik.

Fortbildungen allgemeinerer Art stellen nach der Ausbildung und einigen Jahren Berufserfahrung zum Beispiel die Weiterqualifizierung zum Medienmarketingfachwirt oder zur Mediendesignerin dar.

Für die intensive Weiterbildung in Richtung Spielfilm (Kino oder TV) bieten sich diverse Studiengänge an Film- und Kunsthochschulen an. Die Adressen dieser Einrichtungen lassen sich sich unter *www.studienwahl.de* recherchieren. Ein Beispiel ist das Studium „Schnitt" an der Hochschule für Film- und Fernsehen „Konrad Wolf" in Potsdam-Babelsberg. Nach acht Semestern erwerben die Studenten hier den Abschluss „Diplom-Schnittmeister (FH)" (*www.hffpotsdam.de/deutsch/studien/schnitt/schnitt.html*).

Stellensuche

Interessierte sollten sich bei der örtlichen Industrie- und Handelskammer nach Ausbildungsplätzen erkundigen. Das funktioniert heute übrigens zumeist auch online, da die Kammern auf ihrer jeweiligen Homepage in der Regel einen Link „Ausbildungsbörse" bzw. „Lehrstellenbörse" anbieten.

Im Internet hilft oft der Blick in ASIS, den Ausbildungsplatz-Informationsservice des Arbeitsamtes, unter *www.arbeitsamt.de*.

Für Initiativbewerbungen empfiehlt sich die Suche nach Ausbildungsbetrieben in den Gelben Seiten. Potenzielle Arbeitgeber sind neben Rundfunk- und Fernsehanstalten auch Filmbearbeitungsfirmen.

Marktbeobachtungen

Bis die Ausbildungsverordnung für Film- und Videoeditoren im Januar 1996 in Kraft trat, waren die Schnittprofis – damals noch als „Cutter" bezeichnet – zumeist Quereinsteiger. Sie kamen aus der Fotografie, aus Kopierwerken oder Produktionsbüros. Die neue Berufsbezeichnung wird der anspruchsvollen Tätigkeit jedoch eindeutig gerechter. Denn reine „Schneider" („Cutter") von Filmbändern sind diese Fachleu-

te nie gewesen. Sie sind vielmehr die erste und meist auch letzte kritische Instanz, die die Wirkung von Szenen beurteilt, um ihren Ablauf, ihre Dramaturgie und ihren Rhythmus herauszuarbeiten. Wegen dieser starken inhaltlichen Komponente, die zur technischen Arbeit hinzutritt, lautete die Berufsbezeichnung im Angelsächsischen immer schon „Editor" und nicht „Cutter".

Im Bereich Technische Betriebe für Film und Fernsehen erhalten Film- und Videoeditoren in den alten Bundesländern folgende Ausbildungsvergütungen:

→ 1. Ausbildungsjahr: 493 Euro
→ 2. Ausbildungsjahr: 575 Euro
→ 3. Ausbildungsjahr: 656 Euro.

Für die neuen Bundesländer lagen zum Zeitpunkt der Veröffentlichung keine Angaben vor.

Als Angestellte können Film- und Videoeditoren beispielsweise eine tarifliche Grundvergütung von 1.805 Euro bekommen.

Weiterführende Informationen

www.neue-ausbildungsberufe.de: Die Links „Beispiele" → „Alphabetisch" → „Film- und Videoeditor/-in" führen zu einer Reihe lebendiger Praxisbeispiele, in denen Auszubildende aus ihrer Berufspraxis erzählen.

www.bfs-cutter.de: Die Website des Bundesverbandss Filmschnitt Cutter e.V. informiert u.a. über das Berufsbild sowie Branchenadressen und gibt Literaturtipps.

www.tvcutter.de: Diese Website liefert neben Infos zum Berufsbild viel technisches Hintergrundwissen für Film- und Videoeditoren.

Grafik-Designer

Grafik-Designerin

Was machen Grafik-Designer?

Selbst hinter dem flirrenden Bildschirm eines Ticket-Terminals der Bahn verbirgt sich die Arbeit von Grafik-Designern: Denn es ist eine ihrer Hauptaufgaben, Informationen verständlich zu visualisieren. Und gerade dies ist im Rahmen ausgefallenerer Aufträge wie dem Gestalten von interaktiven Benutzeroberflächen gefragt. Neben der grafischen Darstellung von Informationen planen und entwerfen die Designer ganz allgemein Bildaussagen, die beim Betrachter bestimmte Verhaltensreaktionen auslösen sollen. Ein Beispiel aus ihrem Arbeitsspektrum ist dabei das Entwerfen von Logos, die den Wiedererkennungswert eines Unternehmens oder Produktes steigern und damit im Idealfall zur Bindung der Kunden beitragen sollen.

Unternehmen fragen dieses klassische Grafik-Design, zu dem auch die Konzeption von Zeitungsanzeigen gehört, allerdings nur noch selten in isolierter Form nach. Sie wollen in der Öffentlichkeit heute mit einem einheitlichen Erscheinungsbild auftreten. Dieses so genannte „Corporate Design" (CD) umfasst alle für einen Betrieb relevanten Informationsträger: von der Visitenkarte über die Firmenprospekte und die Hauszeitschrift bis hin zur Gestaltung des Messestandes.

Je nach der Branche, in der sie tätig sind, entwerfen Grafik-Designer Plakate, Broschüren, Displays oder Anzeigen. Im Verlagswesen etwa gestalten sie Bücher oder andere Medienprodukte.

Unabhängig von der Branche, in der Grafik-Designer arbeiten, erstellen sie auf der Basis der Kundenwünsche zunächst so genannte „Scribbles", also Vorlagen bzw. Rohlayouts. Diese modifizieren sie bei Bedarf in Rücksprache mit dem Auftraggeber. Als Ergebnis dieser Abstimmung präzisieren sie anschließend ihre Gestaltungsideen und legen Schrift-, Form- und Bildideen sowie die Farbigkeit fest.

Wie wird man Grafik-Designer?

Interessierte können sich an einer Berufsfachschule zum staatlich geprüften Designer ausbilden lassen. Eine Alternative ist das Studium zum Designer, Grafik-Designer bzw. Kommunikationsdesigner an einer Universität, Fach- oder Kunsthochschule. Innerhalb dieser Studiengänge können sich die angehenden Gestalter auf Schwerpunkte wie Werbegrafik, Illustration oder Screen-Design spezialisieren.

Einen Überblick über die Ausbildungsstätten liefert die Website *www.werbung.de* (Links Magazin → Ausbildung → Hochschulen und Akademien).

Spezialisierung und Weiterbildung

Der Berufsverband „Bund Deutscher Grafiker" bietet Weiterbildungen wie etwa ein Seminar für Existenzgründer an (Infos unter *www.bdg-deutschland.de*). Daneben gibt es zahlreiche weitere Kurse, die zugleich Spezialisierungsmöglichkeiten darstellen: etwa zum Medien-Designer, zum Multimedia- und Screen-Designer, zum CAD-Designer oder DTP („Desktop-Publishing") für Grafiker. Über diese Fortbildungen in-

formiert die Datenbank KURS des Arbeitsamtes unter *www.arbeitsamt.de*.

Stellensuche
Eine Fundgrube für Stellenanzeigen ist der
Stellen-Informations-Service SIS des Ar-
beitsamtes unter *www.arbeitsamt.de*.

Marktbeobachtungen
Ein relativ junges Arbeitsfeld für Grafik-
Designer ist der Multimediabereich. Web-
bzw. Screen-Designer benötigen Kenntnisse, die über die Anforderungen im klassischen Grafik-Design hinausgehen: Sie
gestalten das grafische World Wide Web
und prägen somit das Erscheinungsbild all
derer, die sich in Form einer Website der
Öffentlichkeit präsentieren wollen. Dafür
müssen sie beispielsweise den Umgang
mit den einschlägigen Website-Editoren
beherrschen und wissen, wie man unterschiedlichste Dateitypen in Internetseiten
einbindet. Einen umfangreichen Überblick
über die technischen Fachkenntnisse, die
Designer im Multimediabereich brauchen,
liefert die Website MedialifeGuard:*http://
www.medialife-guard.de/reload_frameset/
relfra_mm_ratgeber.html*. Grafik-Designer
arbeiten häufig selbstständig. Aussagen
über Verdienstmöglichkeiten sind hier
nicht möglich. Das Einstiegsgehalt im
Agenturbereich liegt bei durchschnittlich
ca. 1.500 Euro monatlich.

Weiterführende Informationen
Bund Deutscher Grafik-Designer e.V (BDG),
www.bdg-deutschland.de
Verband der Grafik-Designer e.V. (VDGD),
www.vgdev.de

Praxisbeispiel

Sigrun Ber-Gellert

*„Wie lässt sich das Lebensgefühl
während eines Inselaufenthaltes an
der Nordsee am besten über ein Logo
‚herüberbringen‘?“ Diese Frage war
für Sigrun Ber-Gellert zentral, als sie
während ihrer viereinhalbjährigen
Selbstständigkeit über einem Auftrag
der Insel Wangerooge brütete. Die
Grafik-Designerin entschied sich
schließlich für eine stilisierte Möwe
vor einem Sonnenuntergang, die
Urlaubslust wecken und Besucher
anziehen sollte.*

*Auch heute steht die Konzeption von
Drucksachen und deren Elementen im
Mittelpunkt des Berufslebens von
Sigrun Ber-Gellert. Als Grafikerin
beim Bremer Unternehmen „Akzent
Computerpartner“ entwarf sie bei-
spielsweise ein neues Corporate Design
für ihren Arbeitgeber. Das meint eine
einheitliche Gestaltungsrichtlinie,
angefangen bei Drucksachen wie der
Unternehmensbroschüre bis hin zu
Fahnen und Messeständen.*

Informationsbroker
Informationsbrokerin

Was machen Informationsbroker?

Informationsbroker beschaffen Wissen, das für Unternehmensentscheidungen wichtig ist. Das Qualifikationsprofil der Daten-Dienstleister ist dabei meist von zwei Charakteristika gekennzeichnet: einem hohen Grad an Spezialisierung auf ein Themengebiet und ausgeprägter Recherchekompetenz.

Die Spezialisierung des Informationsbrokers ist neben der Nachfragelage des Marktes Resultat des ungeregelten Berufszuganges. Dieser führt dazu, dass es Broker unterschiedlichster fachlicher, meist akademischer Vorbildung gibt. Christine Fisch, Geschäftsstellenleiterin der Deutschen Gesellschaft für Informationswissenschaft und Informationspraxis (DGI), rät dem Nachwuchs zu studienbegleitenden Praktika, etwa in Informations- und Dokumentationsabteilungen von Unternehmen. Da viele Unternehmen derzeit Knowledge-Center aufbauten, seien die Einstiegschancen in der Wirtschaft günstig.

Informationsbroker recherchieren meist über hoch spezialisierte, kostenpflichtige Online-Datenbanken, über Telefonate mit ausgesuchten Fachleuten oder in Fachliteratur. Das Internet wird von den Wissensschürfern wegen der Masse der verfügbaren Informationen seltener genutzt.

Die nötige Recherchekompetenz kann man auf unterschiedlichste Weise erwerben. Broker Christian Velten etwa kannte einige der Spezialdatenbanken, die er heute bei der Informationssuche in seinem Fachgebiet „Life Science/Biotechnologie" nutzt, schon während seiner wissenschaftlichen Arbeit. Aufbauend auf diesen Rechercheerfahrungen besuchte der promovierte Molekularbiologe Schulungskurse unterschiedlicher Datenbankanbieter und etablierte seinen eigenen, fachbezogenen Quellenpool.

Wie wird man Informationsbroker?

Die Universitäten Saarbrücken und Berlin qualifizieren im Rahmen eines Magisterstudienganges zum Informationswissenschaftler.

An den Fachhochschulen Berlin, Darmstadt, Hamburg, Hannover, Köln, Potsdam und Stuttgart können Interessierte einen Abschluss als Diplom-Dokumentar erwerben. Dabei bieten diese Hochschulen unterschiedliche Fachrichtungen an, so etwa Wirtschaft, Medizin oder Medien.

Die Adressen der genannten Institutionen finden sich im Netz unter *www.dgd.de/ausbildung/fhs.html*

Spezialisierung und Weiterbildung

Die Universität Konstanz und die Fachhochschule Stuttgart bieten Aufbaustudiengänge zum Diplom-Informationswissenschaftler an.

An der Fachhochschule Potsdam können Graduierte eine berufsbegleitende Zusatzausbildung zum wissenschaftlichen Dokumentar absolvieren.

Die Technische Universität Illmenau schließlich qualifiziert Informationsbroker über das berufsbegleitende Weiterbildungsfernstudium „Wirtschafts- und Fachinformation".

Stellensuche

Für die Stellensuche empfehlen sich Initiativbewerbungen bei potenziellen Arbeitgebern. Dabei handelt es sich einerseits um große oder mittelständische Unternehmen aus den Branchen Chemie/Pharma bzw. Wirtschaft/Finanzen, etwa Banken und Versicherungen. Andererseits kann es sich lohnen, bei bereits bestehenden Broker-Agenturen nach Vakanzen zu fragen. Eine entsprechende Liste bietet die DGI unter *www.dgd.de/infobroker/infobr.htm*.

In den allgemeinen Online-Jobbörsen sollte man auf jeden Fall mit einer etwas größeren Bandbreite an Suchbegriffen recherchieren. Anzeigen für Informationsbroker werden oft auch unter den Berufsbezeichnungen

➔ Informationswissenschaftler,
➔ Informationswirt oder
➔ Dokumentar

veröffentlicht.

Angestellte Infobroker verdienen zwischen 2.000 und 4.000 Euro im Monat. Selbstständigen bringt ein Auftrag im Durchschnitt 750 Euro ein.

Weiterführende Informationen

www.dgd.de: Die Website der Deutschen Gesellschaft für Informationswissenschaft und Informationspraxis e.V. informiert unter anderem über persönliche wie auch fachliche Voraussetzungen für den Beruf sowie über Aus- und Weiterbildungsangebote.

Marktbeobachtungen

Die Informationsbeschaffung und -vermittlung etabliert sich seit einigen Jahren als eigenständiges Berufsbild. Infobroker arbeiten sowohl freiberuflich als auch angestellt in den Informations- und Dokumentationsabteilungen von Unternehmen.

Der größte Teil der derzeit am Markt nachgefragten Informationen sind Wirtschafts- und Finanzdaten, im bereits weitaus geringerem Umfang wissenschaftlichtechnisches Wissen.

Für den Berufserfolg ist die Spezialisierung auf ein Themengebiet maßgeblich: Gerade im Internetzeitalter, in dem die Verfügbarkeit von Daten auch für den Rechercheleiaen tendenziell einfacher wird, ist dieses institutionalisierte Nieschentum die beste Erfolgsgarantie.

Was machen Kameraleute?

Kameraleute sind für die Bild- und Lichtgestaltung der Handlungsabläufe in unterschiedlichsten Produktionen verantwortlich. Dabei umfasst der Begriff „Kamermann" zwei unterschiedliche Berufsbilder, das des EB-Kameramanns und jenes des Filmkameramanns.

EB-Kameraleute („EB" steht für „elektronische Berichterstattung") sind im journalistischen Bereich tätig. Ihr Aufgabengebiet ist die Recherche und Dokumentation aktueller Bilder, die sie zumeist für Nachrichtensendungen „einfangen". In der Regel arbeiten diese Spezialisten in so genannten Drei-Mann-Teams, in denen außer ihnen selbst noch ein Fernsehredakteur und ein Kameraassistent mitwirken.

Schon vor Erreichen des Drehortes machen sich EB-Kameraleute Gedanken darüber, wie sie ihr Thema angehen, etwa: Welche Person oder Situation will ich herausstellen? Was für technische Hilfsmittel brauche ich dafür?

Am Drehort schließlich suchen sie nach passenden Motiven. Dabei haben sie stets den gesamten Beitrag im Hinterkopf, denn die Summe der Einzelbilder muss sich hinterher zu einem stimmigen Ganzen zusammenfügen lassen.

Filmkameraleute sind für die künstlerische Bildgestaltung in inszenierten Film-, Fernseh- und Videoproduktionen zuständig. Dabei kann es sich zum Beispiel um Fernsehspiele oder Werbespots handeln. Ihre Tätigkeit beginnt bereits Wochen vor der eigentlichen Drehzeit. In dieser Vorbereitungsphase arbeiten sie sich zunächst in das Drehbuch ein. Sie führen Vorgespräche mit der Regie über das Drehbuch und eventuelle Änderungen sowie über die stilistische und dramaturgische Konzeption. Mit den Kollegen von der Ausstattung legen sie zu diesem Zeitpunkt auch schon die Qualität und Anordnung aller Lichtquellen fest.

In der anschließenden Drehzeit entsteht der Film. Für die Kameraleute bedeutet dies unter anderem, sich um die Szenenauflösung zu kümmern. Im Mittelpunkt steht dabei die Frage, welche Kamerabewegung am besten zu den einzelnen Szenen passt: Ein Schock-Schnitt beispielsweise bringt die Dramatik einer Gruselszene wohl am besten herüber. Um Großstadtleben zu illustrieren, bietet sich eine rasante Abfolge kurzer Einstellungen an.

Wie wird man Kameramann oder Kamerafrau?

In diesem Beruf führen viele Wege zum Ziel. Der erfolgversprechendste Qualifikationsnachweis ist eine mehrjährige Mitarbeit in Kamerateams. Im Rahmen dieses Learning by Doing arbeiten die angehenden Kameraleute zuerst als Materialassistent, später als 2. und 1. Kameraassistent und zuletzt als Operator (Schwenker).

Gern gesehen sind Ausbildungen zum Mediengestalter Bild und Ton (vgl. S. 52) oder zum Fotografen. Letztere lernen das klassische Handwerkszeug, über das auch Kameraleute verfügen müssen: Schärfen richtig einstellen, Licht professionell einsetzen und das Denken in Bildern.

Praktika bei Film-Kopierwerken oder Film-Geräteverleihern sind ebenfalls anerkannt sinnvolle Erstqualifikationen.

Seit einiger Zeit bieten Hochschulen Studiengänge mit dem Abschluss Diplom-Kameramann/-frau an, etwa die Fachhochschule Dortmund (*www.fh-dortmund.de*) oder die Hochschule für Film und Fernsehen „Konrad Wolf" in Potsdam-Babelsberg (*www.hff-potsdam.de*).

Auch private Träger wie die Filmakademie Baden-Württemberg, die Deutsche Film- und Fernsehakademie oder die Bayerische Akademie für Fernsehen haben eine Erstausbildung im Programm.

Die wichtigste Voraussetzung jedoch ist Praxiserfahrung: Das Prädikatsdiplom oder die Ausbildung zum Mediengestalter Bild und Ton allein können eine Assistenzzeit im Kamerateam nicht ersetzen!

Spezialisierung und Weiterbildung

Kameraleute müssen in ihrem Fachgebiet regelmäßig mit technischen Neuerungen rechnen. Fortbildungsmöglichkeiten bieten sich beispielsweise in den Bereichen Lichttechnik, Fernseh- und Videotechnik, Mediengestaltung und -technik oder Multimedia. Über sämtliche Weiterbildungsangebote gibt die Datenbank KURS des Arbeitsamtes unter *www.arbeitsamt.de* Auskunft.

Wer sich für eine selbstständige Arbeit als Kameramann interessiert, sollte sich über das neue Aufbaustudium „Betriebswirtschaft in Film und Fernsehen" der Fachhochschule Fulda informieren (*www.fh-fulda.de*).

Seit Oktober 2002 bietet der Studiengang Interessenten und Praktikern mit und ohne Hochschulabschluss die Möglichkeit, in drei Semestern berufsbegleitend die betriebswirtschaliche Seite von Film- und Fernsehproduktionen kennen zu lernen.

Stellensuche

Für die Stellensuche empfiehlt sich zunächst die Initiativbewerbung bei Unternehmen, die Kameraleute beschäftigen. Das sind neben Rundfunk- und Fernsehanstalten auch private Produktionsfirmen.

Im Internet bieten folgende Websites in unregelmäßigen Abständen Jobs an:
www.crew4you.de
www.aim-mia.de
www.medienhandbuch.de
www.crew-united.de
www.filmfenster.de
www.dreharbeiten.de
www.guxme.de.

Marktbeobachtungen

Da Rundfunk- und Fernsehanstalten aus Kostengründen immer weniger Kameraleute fest beschäftigen, geht der Trend in diesem Beruf zur freiberuflichen Arbeit. Aussagen über die Verdienstmöglichkeiten sind daher nicht möglich.

Die Arbeitszeiten für Kameraleute sind unregelmäßig, was Flexibilität zur wichtigen persönlichen Voraussetzung für diesen Beruf macht. Studioaufnahmen gehen in der Regel tagsüber vor sich,s und Außendrehs finden statt, wenn das Wetter und die Lichtverhältnisse stimmen. Das kann auch an Sonn- und Feiertagen, abends, nachts oder sehr früh am Morgen sein.

Weiterführende Informationen

www.bvkamera.org: Die Website des Bundesverbandes Kamera informiert unter anderem über die Themen Berufsbild, Urheberrecht und Tarifverträge. Außerdem finden sich hier interessante Linktipps.

Kaufmann/-frau für audiovisuelle Medien

Was machen Kaufleute für audiovisuelle Medien?

Der Auftritt eines Hollywoodstars im Fernsehen treibt einem Kaufmann für audiovisuelle Medien vermutlich den Schweiß auf die Stirn, weil er auch in dieser Situation an seinen eigenen Beruf denkt: Und in dem sind diese Kaufleute – je nach Betrieb – auch für die Abrechnung von Schauspielergagen verantwortlich. Nicht auszudenken, welchen tiefen Griff in die Produktionskasse die Verpflichtung des amerikanischen Kinopromis bedeuten würde ...

Kaufleute für audiovisuelle Medien sind für die Gestaltung und Abwicklung kaufmännischer und organisatorischer Prozesse bei der Herstellung eines audiovisuellen Produktes verantwortlich. Sie arbeiten in Medienunternehmen, insbesondere aus den Bereichen Fernsehen, Hörfunk, Film- und Videoproduktion, Musik, Multimedia und Filmtheater. Je nach Betrieb und persönlichen Neigungen reicht die potenzielle Palette ihrer Projekte weit: Von aktuellen journalistischen Beiträgen über Magazinsendungen, Shows, Dokumentationen, Werbefilmen und Synchronisationen bis hin zu Seifenopern, Serien und Kinofilmen, Live-Events, Castings, CD-ROM oder Musik-CD, einer Internethomepage oder Lernsoftware.

Zu ihren organisatorischen Aufgaben gehören beispielsweise die Vorarbeiten einer Medienproduktion. Für eine Fernsehserie etwa verhandeln sie mit den Autoren, dem Sender und dem Produzenten. Schließlich müssen die Kaufleute, falls es sich um einen Trickfilm handelt, die Rechte an der animierten Figur von deren Zeichner erwerben – was aufwendig ist und häufig Fremdsprachenkenntnisse erfordert, wenn dieser zum Beispiel in Amerika oder Tschechien lebt.

Überhaupt ist die Rechte- und Lizenzabklärung wichtiger Aufgabenschwerpunkt der Kaufleute: Ton-, Bild- und Datenträger unterliegen immer einem Urheberschutz. Kaufleute für audiovisuelle Medien wissen um die aktuelle Rechtsprechung und sind in der Lage, sich bei den betreffenden Institutionen nach den Nutzungsrechten für die Werke zu erkundigen bzw. Grundlagen für ihre Kalkulation einzuholen.

Ein Faible für Zahlen sollten sie ohnehin haben: Sie holen Angebote bei Dienstleistern ein (die Crew braucht ein Hotel!), erledigen die Gehaltsabrechnung für die am Set versammelten Stars und Sternchen und kalkulieren neben den Personal- auch die Materialkosten. Wenn kurzfristig Ersatz für technisches Fachpersonal gefunden werden muss oder die Gaumenschmeichler der Cateringfirma auf kollektive Ablehnung stoßen, sind Kaufleute für audiovisuelle Medien aber genauso gefragt – kurz: Sie sind eine Art „Schnittstelle" für alle bei einer medialen Produktion auftretenden organisatorischen und kaufmännischen Herausforderungen. Dazu kann – je nach dem Geschäftsfeld des Ausbildungsbetriebes – auch der Vertrieb bzw. die Werbung gehören.

Wie wird man Kaufmann oder Kauffrau für audiovisuelle Medien?

Zu diesem Beruf führt eine dreijährige Ausbildung im dualen System.

Spezialisierung und Weiterbildung

Gezielte Weiterbildungen und Engagement im Beruf sind Voraussetzung für innerbetrieblichen Aufstieg, zum Beispiel zur Aufnahmeleiterin oder zum Multimediaprojektleiter. Da es in der Medienbranche noch für viele Positionen keine geregelte Ausbildung gibt, stehen interessante Aufstiegschancen offen!

Fortbildungen mit anerkanntem Abschluss sind beispielsweise der Medienfachwirt oder die Fachkauffrau Marketing. Das Arbeitsamt und die Industrie- und Handelskammern können hier nähere Auskünfte geben.

Stellensuche

Interessierte sollten sich bei der örtlichen Industrie- und Handelskammer nach Ausbildungsplätzen erkundigen. Das funktioniert heute übrigens zumeist auch online, da die Kammern auf ihrer jeweiligen Homepage in der Regel einen Link „Ausbildungsbörse" bzw. „Lehrstellenbörse" anbieten.

Im Internet hilft oft der Blick in ASIS, den Ausbildungsplatz-Informationsservice des Arbeitsamtes, unter *www.arbeitsamt.de*.

Für Initiativbewerbungen empfiehlt sich die Suche nach Ausbildungsbetrieben in den Gelben Seiten. Potenzielle Arbeitgeber

» Praxisbeispiel Ina Leszner

Eine „Tageskassette" mit allein drei TV-Beiträgen, in denen örtliche Sportvereine ihr Basketballangebot preisen, würde Ina Leszner nicht unterkommen. Beim Bürgerfernsehen Marl, bei dem Ina zur Kauffrau für audiovisuelle Medien ausgebildet wird, ist sie unter anderem für die Sendeplanung zuständig – und achtet darauf, dass die Kassetten mit dem neuen Sendematerial thematisch abwechslungsreich sind.

Wenn Ina anhand einer Übersicht Beiträge zusammengestellt hat, wird es „technischer": „Ich überspiele die Filme auf ein Band und regele eventuell den Ton nach. Am Ende steht dann eine der dreistündigen ‚Tageskassetten', die das neue Material enthalten, das wir an unseren zwei Sendetagen in der Woche bringen."

Regelmäßig aktualisiert Ina den Videotext: Hier pflegt sie Texte ein, beispielsweise Presseinformationen oder Hinweise auf die Kurse des Bürgerfernsehens – Kurse, die auch ein Schwerpunkt ihrer Kundenberatung sind: „Ich helfe weiter, wenn sich Bürger über Kamera-, Schnitt- oder Moderationsseminare informieren wollen. Wenn sich jemand Equipment wie Scheinwerfer ausleihen möchte, bin ich ebenso Ansprechpartnerin wie für die Anmeldung von Sendungen. "

Zu den Aufgaben von Ina gehört auch „Event-Management": „Vor zwei Monaten habe ich eine Live-Party organisiert, die das Bürgerfernsehen bekannter machen sollte. Bei der Konzeption habe ich mir Sachen überlegt wie: ‚Welche Bands laden wir ein?', ‚Wie nehmen wir Kontakt zu diesen Gruppen auf?', ‚Welches Catering sorgt für das leibliche Wohl?' oder ‚Welche Sicherheitsvorschriften müssen wir beachten?'"

Die kaufmännischen Anteile ihrer Ausbildung finden derzeit noch vor allem in den Wänden der Berufsschule statt. Da Ina erst am Anfang ihrer Ausbildung steht, werden solche

sind Fernseh- und Hörfunkanstalten ebenso wie Film- und Videoproduktionsfirmen, die Hersteller von Musik- und Multimediaprodukten oder Filmtheater.

Marktbeobachtungen

Bis in die frühen neunziger Jahre des 20. Jahrhunderts hinein gab es keinen geregelten Ausbildungsberuf innerhalb der audiovisuellen Medien. Während die öffentlich-rechtlichen und zu Teilen auch die privaten Sender ihren Nachwuchs über ein- bis zweijährige Volontariate in Spezialgebieten ausbildeten, rekrutierten die kleinen und mittelständischen Betriebe ihr Personal vor allem über Praktika, Training on the Job, häufig begleitet von Weiterbildungen und Workshops in Eigenregie. Eine breit angelegte Grundausbildung mit anschließender beruflicher Fachbildung fand nicht statt – vergleichbare und anerkannte Berufsabschlüsse gab es nicht.

Während der achtziger Jahre allerdings stieg der Bedarf an vielseitig, dabei mit kaufmännischem Schwerpunkt ausgebildeten Mitarbeitern für die mittlere und Assistenz-Ebene auch bei diesen Unternehmen. Dies ist vor allem darauf zurückzuführen, dass von Sendern zunehmend und auch längerfristig Aufträge für Serien und Daily-/Soap- oder Show-Produktionen, Game- bzw. Talkshows bei den kleinen und mittleren Produktionsfirmen eingingen. Besonders die Zulassung des Privatfernsehens im Jahr 1984 hat diese Entwicklung forciert.

Der erst 1998 geschaffene Beruf „Kaufmann/-frau für audiovisuelle Medien" hat den neuen Bedarf mit seiner breit gefächerten Grundlagenqualifizierung aufgegriffen. Aufgrund der rasanten technologischen Veränderungen müssen die Kaufleute sich allerdings, aufbauend auf ihren Grundkenntnissen, konstant weiterbilden.

Im Detail informiert die Datenbank KURS des Arbeitsamtes unter *www.arbeitsamt.de* über mögliche Fortbildungen (*http:// berufenet.arbeitsamt.de/bnet2//B7034106 weiterb_t.html*).

Kaufleute für audiovisuelle Medien können als Angestellte eine tarifliche Grundvergütung von 1.465 bis 1.831 Euro im Monat bekommen.

Weiterführende Informationen

www.neue-ausbildungsberufe.de: Der Link *www.neue-ausbildungsberufe.de/Hauptberufe/Kaufmann-audiovisuelle-Medien/beispiele/bsp-uebersicht.htm* führt zu einer Reihe lebendiger Praxisbeispiele, in denen Auszubildende aus ihrer Berufspraxis erzählen.

Aufgaben in der Praxis erst zu einem späteren Zeitpunkt eine Rolle spielen.

Auf die Ausbildung zur Kauffrau für audiovisuelle Medien ist Ina während eines vierwöchigen Praktikums beim Bürgerfernsehen Marl aufmerksam geworden: „Mir hat es gut gefallen, dass ich hier von Anfang an eigenverantwortlich arbeiten und viel organisieren konnte. Hinzu kommt, dass ich kaufmännisch arbeiten will – aber nicht in einem der klassischen Kaufmannsausbildungen, etwa im Bereich Einzelhandel. Es ist für mich etwas anderes, die Kalkulationen zu machen, die mit der Organisation einer Sendung zusammenhängen, als irgendwelche Güter zu verkaufen."

→ Das Bürgerfernsehen Marl im Internet: www.bok-marl.de

Kulturmanager
Kulturmanagerin

Was machen Kulturmanager?

Sie suchen Sponsoren für Konzerte oder feilen an der Corporate Identity von Stadttheatern: Kulturmanager ermöglichen es Künstlern oder Institutionen, mit Verwaltungs- und Managementmethoden ihren kulturellen Auftrag zu verwirklichen – etwa Besucher anzuziehen oder als Einrichtung ein klares Profil zu bekommen.

Damit diese Gratwanderung gelingt, brauchen Kulturmanager einerseits betriebswirtschaftliche Kenntnisse und andererseits fundiertes Wissen in einem Kulturgebiet. Theater- und Museumsmanagement, Kulturtourismus und Musikmanagement (vgl. S. 64) gehören ebenso zu den Arbeitsfeldern dieser „Grenzgänger" wie die Arbeit in den Kulturabteilungen dann zumeist größerer Unternehmen.

Zu ihren Tätigkeiten gehört das Organisieren von Kulturevents, Festen, Ausstellungen oder Tagen der offenen Tür. Bei all diesen Aufgaben zeigt sich die erwähnte Doppelrolle deutlich: So setzt etwa die Überlegung, welche Künstler für ein Festival zu engagieren sind, die Fähigkeit voraus, Werturteile über künstlerische Qualität bzw. künstlerisches „Handwerk" zu treffen. Gleichzeitig aber muss der Manager die Kosten abwägen, da das Budget des Festes mit Sicherheit begrenzt ist. Ist die Entscheidung dann gefallen, gilt es, den Künstlern das Konzept des Events zu vermitteln. Das bedeutet auch, Überzeugungsarbeit bei den Angehörigen einer Berufsgruppe zu leisten, die den Zwängen betriebswirtschaftlicher Vorgaben nicht unbedingt auf Anhieb zugänglich ist.

Im Bereich Fundraising gewinnen Kulturmanager Sponsoren (bzw. pflegen den einmal bestehenden Kontakt zu ihnen) und beantragen Fördermittel aus kommunalen oder überregionalen Haushalten.

Schließlich sind Kulturmanager auch Öffentlichkeitsarbeiter: Sie leisten Pressearbeit und konzipieren bzw. vergeben Werbeaufträge, Websites oder CD-ROM-Projekte.

Wie wird man Kulturmanager?

Ein abgeschlossenes Hochschulstudim, insbesondere in den Bereichen Sprach- und Kulturwissenschaften oder Kunst/Musik, stellt zusammen mit einer BWL-Zusatzqualifkation die optimale Kombination für diesen Beruf dar.

Wer aufgrund seines Erststudiums über wenig ökonomisches Wissen verfügt, wird um ein Aufbaustudium im Bereich Kulturmanagement kaum herumkommen. Die Website *www.kulturmanagement.de* führt alle entsprechenden Ausbildungsgänge auf.

Ein noch junges Weiterbildungsangebot ist das Programm „Kultur schafft Arbeit – Management schafft Perspektiven" der SK Stiftung Kultur in Köln. Die vierzehnmonatige Qualifizierung vermittelt kultur- und betriebswirtschaftliches Wissen (Infos unter: *www.sk-kultur.de*).

Eine Übersicht über 85 Qualifizierungsangebote aus dem Bereich Kulturmanagement kann man beim Bonner Zentrum für Kulturforschung (ZfKf) beziehen (E-Mail: zentrum@kulturforschung.de). Die Publikation nennt zu allen Weiterbildungsmöglichkeiten Ort, Träger, Angebot und Angebotstyp, Abschluss, Voraussetzungen, Kosten und Studieninhalte.

Spezialisierung und Weiterbildung
Siehe oben: „Wie wird man Kulturmanager?"

Stellensuche
Stellen für Kulturmanager finden sich manchmal in der Zeitschrift „arbeitsmarkt Bildung Kultur Sozialwesen" des Wissenschaftsladens Bonn (*www.wilabonn.de*).

Im Internet hilft oft der Blick in SIS, den Stellen-Informations-Service des Arbeitsamtes, unter *www.arbeitsamt.de*.

Klein, aber fein ist die Jobbörse unter www.kulturmanagement.net, die allerdings alle Kulturberufe abdeckt.

Oder Sie suchen in den Gelben Seiten Ihrer Region nach kulturellen Einrichtungen wie Museen oder Theatern, Agenturen für Musik- oder Kulturmanagement, Behörden mit den Schwerpunkten Kultur, Tourismus oder Stadtmarketing und größeren Unternehmen mit eigener Kulturabteilung und fragen dort nach offenen Stellen.

Marktbeobachtungen
Bei den Absolventen der einschlägigen Studiengänge existieren häufig sehr hohe Erwartungen an die Gestaltungs- und Verdienstmöglichkeiten in der Praxis. Der Praxisschock, dass der Alltag weniger schillernd aussieht, im Falle dieses Berufes oft mit Termindruck verbunden ist und ein ganz irdisches Einstiegsgehalt von ca. 30.000 Euro bietet, bleibt dann oft nicht aus.

Ganz wichtig für Berufseinsteiger ist auch, ihr Interesse für „beide Welten" zu hinterfragen: Dem Geistes- oder Sozialwissenschaftler sollten auch Managementtätigkeiten liegen – und Betriebswir-

Praxisbeispiel

Dr. Markus Heinzelmann

Unternehmerische Kulturarbeit kann Mittel zur Absatz- und Imageförderung sein. Sie kann aber auch Freiräume genießen, wie die Arbeit von Markus Heinzelmann zeigt. Der promovierte Kunsthistoriker ist Projektleiter „Bildende Kunst" beim Siemens Arts Program, der Kulturabteilung des Konzerns.

Heinzelmann über die Kulturarbeit des Global Players: „Wir sind eine Art gesellschaftlicher Seismograph, indem wir ständig nach aktuellen Kulturthemen suchen, die noch nicht Allgemeingut geworden sind." Dies sei etwa im Falle der „Plug-In-Architektur" gelungen, eines Baustils, der mit seiner Modulbauweise in den sechziger Jahren das dynamische Lebensgefühl der sich industrialisierenden Bundesrepublik verkörperte. „Vor einigen Jahren ist dieser Stil von Künstlern wieder aufgegriffen worden – und stand als gesellschaftliches Phänomen damit auch auf unserer Agenda."

*Seine Aufgabe habe nun darin
bestanden, eine entsprechende Ausstellung zu konzipieren. Einen Koope-
rationspartner fand Heinzelmann im
Landesmuseum Münster, mit dessen
Kuratorin er dann an die adminis-
trative Umsetzung einer Ausstellung
ging.*

→ *Das Siemens Arts Program im
Internet: http://w4.siemens.de/
artsprogram/*

te ein Faible für Kultur haben, das über
Freizeitbedürfnisse hinausgeht.

Weiterführende Informationen
www.kulturmanagement.de

Siebenhaar, Klaus (2003): Karriereziel Kulturmanagement. Studiengänge und Berufsbilder im Profil, BW Verlag, 188 Seiten,
14,80 Euro

Fischer, Walter Boris (2001): Kommunikation und Marketing für Kulturprojekte,
Haupt Verlag, 375 Seiten, 49 Euro

Heinrichs, Werner (1999): Kommunales
Kulturmanagement. Rahmenbedingungen,
Praxisfelder, Managementmethoden, No-
mos Verlag, 292 Seiten, 28 Euro

Der „sportliche" Bewerbungstrainer für junge Leute

Aller Anfang ist leicht
Bewerbungsratgeber für junge Leute
Schritt für Schritt zum erfolgreichen Berufsstart

WOLFGANG WYPIJESKI

Bielefeld 2002
3. völlig überarbeitete Auflage
108 Seiten, 9,90 €
ISBN 3-7639-3032-9, Best.-Nr. 60.01.196b

Speziell an junge Leute auf der Suche nach einem Ausbildungsplatz oder einem ersten Job wendet sich dieser praxisorientierte Bewerbungsratgeber: „Einsteiger" in den Stellenmarkt können sich Schritt für Schritt von der Berufswahl bis zum Vorstellungsgespräch durcharbeiten. „Erfahrene" genau dort einsteigen, wo für sie Neuland beginnt – das macht das Handbuch so effektiv.

Für die Abwechslung in dem jugendlich gestalteten Ratgeber sorgen die zahlreichen Literaturtipps, Internetadressen, Übungen, Checklisten und Musterbriefe.

Ihre Bestellmöglichkeiten:
W. Bertelsmann Verlag, Postfach 10 06 33, 33506 Bielefeld, Tel.: (05 21) 9 11 01-11
Fax: (05 21) 9 11 01 –19, E-Mail: service@wbv.de, Internet: http://shop.wbv.de

W. Bertelsmann Verlag Fachverlag für Bildung und Beruf

Was machen Lektoren?

Manager mit kreativer Ader – so könnte man moderne Lektoren am ehesten beschreiben. Abwechslung ist in diesem Beruf garantiert. Schließlich setzt die Tätigkeit neben Sprachgefühl für das Redigieren von Manuskripten auch kaufmännische und in geringerem Umfang technische Grundkenntnisse voraus. Daneben müssen Lektoren ein feines Gespür für den Lesergeschmack haben und ständig überlegen, welche Titel ihr Verlagsprogramm bereichern könnten.

Das Einsatzgebiet dieser Spezialisten ist breit: Sie betreuen Buchprojekte, überarbeiten Hörfunk-Manuskripte und Drehbücher, konzipieren und pflegen Internetseiten und Datenbanken oder lektorieren Texte für CDs und CD-ROMs.

Bevor ein Buchmanuskript beim Verlag eingeht, erstellen Lektoren ein Finanzierungsangebot für den Autor oder Herausgeber. Die Modelle sind dabei von Verlag zu Verlag unterschiedlich. Weit verbreitet sind beispielsweise so genannte Druckkostenzuschüsse. In dieser Variante „sponsort" der Autor die Herstellung des Titels mit einem vereinbarten Betrag, um dafür etwa Freiexemplare oder aufwendigere Marketingmaßnahmen wie farbige Flyer zu erhalten.

Wenn die Finanzierung des Projektes „steht", setzen Lektoren Verträge über die Realisierung des Buches auf. Die wichtigsten Passagen dieser Verträge halten fest, in welchem technischen Verarbeitungsstadium die Daten des Manuskriptes angeliefert werden sollen, wie hoch die Hono-

rare für Autor oder Herausgeber ausfallen und welche Rechte Autor und Verlag am Buchtitel besitzen.

Die Arbeit am Manuskript schließlich beginnt mit der Prüfung des Textes auf Vollständigkeit. Es ist keine Seltenheit, dass etwa bei Aufsatzsammlungen einzelne Beiträge fehlen. Wird ein Buch vom Verlag gesetzt, bereitet der Lektor das Manuskript für diese Produktionsphase vor. Dafür merkt er beispielsweise handschriftlich im Text an, ob ein bestimmtes formales Gestaltungselement fehlt. Fallen ihm bei dieser „Grobdurchsicht" inhaltliche oder stilistische Schnitzer auf – wurde etwa dreimal hintereinander in Überschriften dasselbe Wort verwendet – macht er dem Autor entsprechende Alternativvorschläge.

Im Mittelpunkt des inhaltlichen Lektorates stehen die Fragen, ob das Manuskript in sich stimmig ist und aufgeführte Fakten und Daten zutreffen. Dabei gilt, dass grundsätzlich der Autor für die inhaltliche Richtigkeit seiner Ausführungen verantwortlich ist.

Der Lektor hat in der Regel nicht die Aufgabe, alle Angaben zu überprüfen, sondern Plausibilitätslücken zu erkennen und zu schließen. Dazu führt er entsprechende Recherchen aus, etwa durch Nachschlagen in Lexika oder durch das Überprüfen von Zitaten oder Querverweisen. Für Fachbücher gibt es Fachlektorinnen, die auf bestimmte Themenbereiche spezialisiert sind.

Weitere redaktionelle Tätigkeiten, die in das Aufgabengebiet von Lektoren fallen, sind beispielsweise:

→Vorschläge für Bilder, Illustrationen oder Grafiken zu entwickeln,
→Bildunterschriften zu verfassen,
→bei Sachbüchern: das Manuskript in Abschnitte, Kapitel und Unterkapitel einzuteilen,
→Kapitel- und Zwischenüberschriften zu schreiben, Zwischenüberschriften, Kolumnentitel einzufügen,
→ein Inhaltsverzeichnis, Register oder Glossar, aber auch ein Vorwort oder eine Einleitung zu erstellen sowie
→so genannte Klappentexte, also Kurztexte für die Umschlagrückseite, zu schreiben.

Alle inhaltlichen und stilistischen Korrekturen spricht der Lektor mit dem Autor oder dem Übersetzer ab, und erst gemäß dieser Absprache werden Veränderungen am Manuskript ausgeführt. Denn rechtlich gesehen sind der Autor bzw. Übersetzer der Urheber des Textes. Folglich sind sie es, die in letzter Instanz entscheiden, ob und welche Passagen korrigiert werden.

Mit der Prüfung der Daten beginnt für den Lektor eine intensive interne Kommunikation. Denn nun gilt es, das Datenmaterial zusammen mit der Druck- bzw. Medienvorstufe auf technische Reproduzierbarkeit zu testen. Gerade bei Bilddaten kann dies problematisch sein und zu langwierigem Nachhaken beim Autor führen.

Parallel dazu geht der Lektor an die Umschlaggestaltung. Diese mag bei einer Buchreihe aufgrund des einheitlichen äußeren Erscheinungsbildes schnell getan sein, bei Einzeltiteln ist auch die Kreativität des Lektors gefragt. Ausgestattet mit den Vorstellungen der Autoren, die ihr Werk natürlich am besten kennen, unterbreitet er diesen grafische Vorschläge, die die Kernaussage des Buches möglichst gut wiederspiegeln. Hat ein Vorschlag den Segen des Autors, vergibt und bespricht er den entsprechenden Gestaltungsauftrag an bzw. mit dem Grafiker.

Praxisbeispiel

Katja Dammann

Sind alle Teile des Manuskriptes im Verlag eingetroffen? Lassen sich Abbildungen problemlos drucken? Ist der Klappentext so ansprechend, dass er potenzielle Käufer neugierig auf das Buch macht? Solche Fragen stellen einen Ausschnitt aus dem Berufsalltag von Katja Dammann dar. Sie arbeitet als Redakteurin im Bielefelder W. Bertelsmann Verlag. „Ich betreue sowohl private als auch institutionelle Autoren und Herausgeber. Dabei realisiere ich einzelne Titel ebenso wie Buchreihen. Gemeinsam ist allen Publikationen, dass es um Berufs- und Bildungsthemen geht, die den Schwerpunkt unseres Verlagsprogrammes bilden", erzählt die studierte Literaturwissenschaftlerin.

Katja betreut „ihre" Titel vom Manuskripteingang bis zum fertigen Buch. Dafür ist intensive Kommunikation nach außen wie auch im Hause nötig: „Es kommt regelmäßig zu Rückfragen

an den Autor, sei es, weil mir ein Titel
zu wenig verkaufsfördernd erscheint,
weil Grafiken in einem Format vorliegen,
das nicht weiterverarbeitet werden
kann, oder weil ich den Klappentext
noch nicht bekommen habe", nennt
Katja Beispiele.

Auch mit der Herstellung muss sie sich
in Grundzügen beschäftigen: Druckar-
ten, Papiersorten, Schrifttypen, Buch-
bindung ... „Davon habe ich natürlich
nur wenig Ahnung", lacht Katja, „aber
dafür ist schwerpunktmäßig ja auch
unser Hersteller zuständig. Mit ihm be-
spreche ich Ausstattung und Kosten der
Bücher. "

Und was ist ihr Tipp für Berufseinstei-
ger? „Freude an Kommunikation, Spaß
am Projektmanagement und eine
gewisse kaufmännische Ader sind
die besten Voraussetzungen für diesen
Beruf. "

→ *Der W. Bertelsmann Verlag im Internet:*
www.wbv.de

Noch bevor das Buch schließlich nach einer Realisierungszeit von – im Falle von Sachbüchern – zwei bis drei Monaten vorliegt, kümmert sich der Lektor in enger Rücksprache mit den Presse- und Marketingverantwortlichen seines Hauses um eine dem Titel angemessene Werbung. Diese kann klassischerweise im Verfassen einer Pressemitteilung oder auch in der Konzeption eines Werbeblattes bestehen, das dann auf Messen, Tagungen oder Konferenzen über die Neuerscheinung informiert.

Wie wird man Lektor?

Für Lektoratsvolontariate, die den Einstieg in diesen Beruf bilden, wird meist ein abgeschlossenes geisteswissenschaftliches Studium gefordert. Diese Volontariate dauern in der Regel zwei Jahre.

Je nach thematischer Ausrichtung des (Fach-)Verlages sind aber auch Absolventen und Absolventinnen ganz anderer (zum Beispiel technischer, naturwissenschaftlicher, medizinischer oder künstlerischer) Studiengänge gefragt.

Praktika erleichtern wie in jedem Medienberuf den Einstieg erheblich, ebenso Erfahrungen im Projektmanagement.

Ebenfalls günstig ist kaufmännisches Gespür, das man etwa über eine vor dem Studium absolvierte entsprechende Ausbildung wie jener zum Verlagskaufmann nachweisen kann.

Spezialisierung und Weiterbildung

Lektoren spezialisieren sich bereits durch ihre Ausbildung sowie durch studienbegleitend gesammelte Praxiserfahrung auf die Arbeit in Verlagen bestimmter thematischer Ausrichtung: Dem Altertumsforscher, um nur ein Beispiel zu nennen, wird der Einstieg in den medizinischen Fachverlag schwer fallen.

Eine Fundgrube für die lektoratsbezogene Weiterbildung sind die Seminare der Akademie des deutschen Buchhandels. Das Kursangebot, das alle Teilbereiche der Lektoratsarbeit abdeckt, kann man unter *www.buchakademie.de* einsehen.

Eine breite Übersicht über Weiterbildungsangebote bietet die Website des Verbandes Freier Lektorinnen und Lektoren (*www.vfll.de* → Link „Fort- und Weiterbildung").

Stellensuche

Stellen für Lektoratsvolontäre und Lektoren finden sich regelmäßig in der Zeitschrift „arbeitsmarkt Bildung Kultur Sozialwesen" des Wissenschaftsladens Bonn (*www.wilabonn.de*).

Im Internet empfiehlt sich der Blick in den Stellen-Informations-Service (SIS) des Arbeitsamtes unter *www.arbeitsamt.de* sowie die Websites *www.bookjobs.de* und *www.verlagsjobs.de*.

Marktbeobachtungen

Nach Aussagen der Abteilung Berufsbildung des Börsenvereins des Deutschen Buchhandels lässt sich im Verlagswesen eine Entwicklung beobachten, die im Journalismus schon lange gang und gäbe ist: Die Zahl freier Lektoren wächst stetig, da dieses „Lektorats-Outsourcing" Kostenersparnisse bringt. Damit geht eine neue Arbeitsteilung einher: Die redaktionelle (und zeitintensive) Textarbeit, das Redigieren und Korrigieren von Büchern, wird nach außen deligiert, die festen Lektoren kümmern sich um das Projektmanagement. Der Verband der Freien Lektorinnen und Lektoren (www.vfll.de) hat es sich daher

zum Ziel gesetzt, die Arbeitsbedingungen der „Freelancer" zu verbessern.

Die Einstiegsgehälter von Lektoren liegen bei ca. 30.000 Euro im Jahr, Volontäre verdienen zwischen 1.300 und 1.500 Euro im Monat.

Den Lektor in Verlagen darf man übrigens nicht mit dem Lektor an Universitäten bzw. Wissenschaftlichen Lektor verwechseln. Wissenschaftliche Lektoren gehören zum befristet angestellten wissenschaftlichen Personal an Hochschulen. Sie sind ausländische Lehrkräfte für lebende Fremdsprachen.

Wissenschaftliche Lektoren vermitteln den Studierenden praktische Kenntnisse der Sprache ihres eigenen Herkunftslandes. Daher halten sie die Lehrveranstaltungen in der entsprechenden Sprache ab, also zum Beispiel in Englisch, Französisch, Japanisch oder Russisch.

Sie trainieren Aussprache und Hörverständnis im Sprachlabor und führen Grammatik-, Übersetzungs-, Aufsatz- und Diktatkurse durch. In Konversation und Landeskunde sprechen sie über Themen wie Literatur, Film, Malerei, Geschichte, Politik, Geographie oder Wirtschaft ihres Landes.

Weiterführende Informationen

Akademie des Deutschen Buchhandels, *www.buchakademie.de*
Börsenverein des Deutschen Buchhandels, *www.boersenverein.de*
Mendlewitsch, Doris (2001): Rund ums Buch. Ein Leitfaden für Autoren und Leser, Münster: Daedalus Verlag, 180 Seiten, 12,80 Euro
Röhring, Hans-Helmut (2003): Wie ein Buch entsteht. Einführung in den modernen Buchverlag. Darmstadt: Primus Verlag, 208 Seiten, 19,90 Euro

Literaturagent

Literaturagentin

Was machen Literaturagenten?

80 Prozent aller amerikanischen Autoren nutzen ihre Dienste, und auch in Deutschland ist dieses Berufsbild auf dem Vormarsch: Literaturagenten sind die professionelle Schnittstelle zwischen Buchautoren und Verlagen. Sie suchen schreibende Talente, betreuen sie und versuchen, deren Werke auf den Markt zu bringen. Natürlich wenden sich Autoren auch direkt an sie, um ihr Manuskript zwischen zwei Umschlagseiten zu bringen. Das erspart ihnen das aufwendige Kontaktieren einer Vielzahl potenzieller Veröffentlicher.

Literaturagenten arbeiten zumeist freiberuflich, seltener in Agenturen. Die meisten Agenturen in Deutschland sind so genannte Verlags- bzw. Importagenturen, die mit den Abdruck-, Übersetzungs- und Weiterverwertungsrechten überwiegend englischer oder amerikanischer Literatur handeln. Für den amerikanischen Literaturbetrieb zum Beispiel ist der deutschsprachige Raum der wichtigste Absatzmarkt außerhalb des eigenen Sprachraumes.

Neben diesen „Von-Verlag-zu-Verlag"-Agenturen treten in Deutschland zunehmend so genannte Autorenagenturen auf den Markt: Hier sind Literaturagenten Medium zwischen Autor und Verlag. Sie prüfen das Manuskript anhand von Textproben auf sprachliche und inhaltliche Qualität und bewerten dessen Marktchancen gemessen am vorherrschenden Lesergeschmack. Erst wenn dieses Vorlektorat zugunsten des Autors ausfällt, wird dieser bei einer Literaturagentur unter Vertrag genommen.

Nun kümmern sich die professionellen Zwischenhändler um die Wahl eines Verlages, dessen Programm zum Titel passt, handeln Verträge und Honorare aus und überwachen den Eingang Letzterer.

Wie auch im Beruf des Lektors (vgl. S. 42) brauchen Literaturagenten für ihre Berufsausübung psychologisches Geschick: Da Autoren oft sehr viel Zeit in ihr Schreibprojekt investiert haben, können sie sehr empfindlich auf Kritik reagieren. Hier den richtigen Ton zu treffen – dieser Drahtseilakt gehört zum täglichen Geschäft und ist doch für empathische Menschen reizvoll.

Wie wird man Literaturagent?

Der Zugang zu diesem Beruf ist nicht geregelt. Eine Lehre zum Buchhändler oder Verlagskaufmann, ein Studium der Sprach- oder Literaturwissenschaften sind sinnvolle Grundlagen. Aber auch ein Volontariat als Lektor oder Redakteur kann zu diesem Beruf führen.

Wie in allen Berufen, die Quereinsteigern offen stehen, sind Praktika essenziell.

Spezialisierung und Weiterbildung

Weiterbildungen bieten sich vor allem in den Bereichen Betriebswirtschaft, Marketing und Recht an. Die Seminare und Anbieter entsprechen, aufgrund der ähnlichen beruflichen Tätigkeit, dabei jenen des Berufsbildes „Lektor" (vgl. S. 42).

Stellensuche

Da die meisten Literaturagenten freiberuflich arbeiten und sich der Beruf in Deutschland gerade erst durchzusetzen beginnt, ist eine Suche über einschlägige Medien noch schwierig.

Wer sich initiativ bei einer der deutschen Agenturen bewerben möchte, findet entsprechende Adressübersichten entweder online unter *www.litscage.com* oder im Buch „Schreiben – Handbuch für Autorinnen und Autoren" von Sandra Uschtrin und Miachel Küspertt (Uschtrin Verlag München, fünfte Auflage 2001).

Marktbeobachtungen

Dieser Beruf befindet sich im Aufwärtstrend: Es gibt ständig Neugründungen von Agenturen, und der Bedarf nach seriösen Mittlern zwischen Autor und Verlag wächst. Allein zwischen 1999 und 2002 hat sich die Zahl der deutschen Agenturen verdreifacht. Dies hat nicht zuletzt mit Rationalisierungen in den Verlagen zu tun: Wo das Verlagslektorat tendenziell personell ausgedünnt wird, werden professionelle „Vorselektierer" von Manuskripten wichtiger. Die Arbeit der Literaturagenten bedeutet eine wichtige Zeitersparnis für Verlagslektoren, die nach Schätzungen des Börsenvereins des Deutschen Buchhandels jährlich 300.000 unverlangt eingesandte Manuskripte erhalten!

Das Einkommen der Agenten ist erfolgsabhängig: In Europa sind 10 bis 20 Prozent Tantiemen üblich. Tantiemen

Praxisbeispiel

Dr. Harry Olechnowitz

Für Dr. Harry Olechnowitz sind Freude am Kommunizieren, Beurteilungskompetenz und Managementfähigkeiten die wichtigsten persönlichen Eigenschaften der Agenten: „Durch unsere Mittlerfunktion stehen wir ständig in Kontakt mit Autoren und Verlagen. Da ist viel Verhandlungsgeschick gefragt, etwa wenn Autoren der Ansicht sind, ein Verlag mache für ihr Werk zu wenig Werbung. Maßgeblich ist auch Organisationsgeschick, weil wir immer viele Projekte gleichzeitig bearbeiten." Harry Olechnowitz war 16 Jahre als Lektor, Cheflektor und Verlagsleiter in verschiedenen Publikumsverlagen tätig, bevor er sich Ende der neunziger Jahre mit dem „Autoren- und Verlagsagentur Dr. Harry Olechnowitz" selbstständig machte.

Die Einstiegschancen in den Beruf sieht er nach wie vor positiv: „Die Verlage sparen schon seit Jahren Personal im Lektorat ein. Da wird es für die Branche immer wichtiger, jemanden zu haben, der schon im Vorfeld prüft, ob ein Titel Chancen auf dem Markt hat – und das ist unser Geschäft. Wer eine eigene Agentur gründen möchte, sollte allerdings über mehrjährige Berufserfahrung im Lektorat oder in anderen Abteilungen eines Verlages verfügen, um die Erfolgsaussichten von Projekten realistisch abschätzen zu können und um das notwendige Know-how zu besitzen."

nennt man die Anteile an allen Honoraren, die zwischen Verlag und Autor fließen.

Weiterführende Informationen

(für Weiterbildungsangebote:) Börsenverein des Deutschen Buchhandels, *www.boersenverein.de*

(für Adressen von Agenturen:) *www.litscage.com*

(für Tipps zur Selbstständigkeit:) *www.bju.de www.change -online.de*

Berufe in Film, Fernsehen, Rundfunk und Musikbranche

Berufe in Film und Fernsehen

HRSG.: MECKLENBURG-VORPOMMERN FILM E.V.

Bielefeld 2001, CD-ROM, 14,90 €
ISBN 3-7639-0189-2, Bestell-Nr. 60.01.326

Es gibt Dutzende interessanter Berufe in Film und Fernsehen – so unterschiedliche wie Ansagerin und Kameramann, Synchronsprecherin und Regieassistent. Ebenso unterschiedlich und schwer überschaubar sind die Zugangswege: Berufsaus-bildung oder Studium, Weiterbildung oder Quer-einstieg. Die CD liefert endlich einen schnellen Überblick – der Medienbranche entsprechend natürlich multimedial!

Berufe in Rundfunk und Musikbranche

HRSG.: MECKLENBURG-VORPOMMERN FILM E.V.

Bielefeld 2002, CD-ROM, 14,90 €
ISBN 3-7639-3028-0, Best.-Nr. 60.01.363

Die ungewöhnlich gestaltete CD-ROM stellt „Berufe in Rundfunk und Musikbranche" vor und verfügt passend zu diesen „Hörberufen" über eine Navigation mit Sound-Signalen. Präsentiert werden u.a. Berufe wie Filmkomponist, Musiker, Regisseur, Schauspieler, Rockmusiker, Musik-pädagoge, Sprecher, Kommunikationselektroniker, Mediengestalter Bild und Ton, Aufnahmeleiter, Medienkaufmann, Producer oder Event-promoter.

Ihre Bestellmöglichkeiten:
W. Bertelsmann Verlag, Postfach 10 06 33, 33506 Bielefeld, Tel.: (05 21) 9 11 01-11
Fax: (05 21) 9 11 01 –19, E-Mail: service@wbv.de, Internet: http://shop.wbv.de

W. Bertelsmann Verlag Fachverlag für Bildung und Beruf

Maskenbildner
Maskenbildnerin

Was machen Maskenbildner?

Wie sieht Mr. Spock ganz privat aus? Und warum erkennt man Winona Ryder auf der Straße nicht? Solche Fragen können Maskenbildner beantworten. Denn sie geben den Darstellern aus Oper, Theater, Musical, Film und Fernsehen das Aussehen, das diese für eine bestimmte Aufführung bzw. Rolle benötigen.

In den USA sind die dort als Make-up Artitsts bezeichneten Spezialisten oft nur für das Schminken der Schauspieler verantwortlich. Um die Frisuren kümmern sich Friseure bzw. Haar-Stylisten. Das deutsche Berufsbild hingegen umfasst beide Bereiche: Schminken und Frisieren. Die Anforderungen an Maskenbildner sind je nach Arbeitsfeld unterschiedlich: Beim Theater verstärken sie die Gesichtszüge der Darsteller, so dass deren Mimik auch in den hintersten Reihen noch erkennbar ist. Daher wirken die geschminkten Gesichter von Schauspielern aus der Nähe betrachtet oft völlig übertrieben.

Film-Maskenbildner arbeiten ganz gegensätzlich: Eine Kamera rückt dem Darsteller viel näher, daher müssen diese Fachleute viel subtiler vorgehen.

In Absprache mit den für Regie, Bühnen- und Kostümbild Verantwortlichen fertigen die Profis ein maskenbildnerisches Gesamtkonzept an, das zum Stil bzw. „Look" einer Produktion passt. Dazu können Perücken, Haarteile, Bärte, Phantasie- oder Tiermasken gehören. Darüber hinaus gestalten und realisieren Maskenbildner Hautveränderungen wie Sonnenbräune und Deformationen. Sie schminken Schauspieler zu bestimmten Charakteren, machen sie älter bzw. jünger oder helfen ihrer Schönheit ein wenig nach. Viele Effekte, insbesondere für Fantasy- oder Horrorwesen, erreichen diese Fachleute durch künstliche Gesichtsteile oder Gliedmaßen. Für all diese Arbeiten verwenden sie unterschiedlichste Materialien: beispielsweise Natur- oder Kunsthaar, Latex, Schaumstoff und Textilien.

Sobald Regisseur, Bühnen- und Kostümbildner die Maskenbildkonzeption abgenommen haben, dokumentieren die Maskenbildner diese schriftlich. Die Notizen dienen ihnen vor den Vorstellungen oder Dreharbeiten als Gedächtnisstütze. Schließlich ist es vor allem beim Film fatal, wenn die Kontinuität etwa des Frisierens verloren ginge: Ein Schauspieler, der in einer Szene rasiert auftritt, darf im nächsten Moment nicht mit Vollbart erscheinen. Da man Filme nicht chronologisch dreht, müssen Maskenbildner hier besonders sorgfältig arbeiten.

Wie wird man Maskenbildner?

Zu diesem Beruf führt eine dreijährige Ausbildung im dualen System.

Eine Alternative stellt der Studiengang Theaterausstattung, Fachrichtung Maskenbild, der Dresdener Hochschule für Bildende Künste dar. Nähere Infos zu diesem Angebot finden sich unter *www.hfbk-dresden.de/ deutsch/lehre/fhsTheater/TH_maske.htm*.

Der Berufseinstieg kann auch über den Besuch einer Maskenbildnerschule gelingen. Nachstehend findet sich eine Liste entsprechender Institutionen:

→ Maskenbildnerschule Rheinland-Pfalz e.V.,
www.maskenbildnerschule-mainz.de
→ Mephisto Maskenbildnerschule Hasso von Hugo GmbH,
www.maskenbildnerschule.de
→ Maskenbildnerschule der Bayerischen Theaterakademie,
www.bayerische-theaterakademie.de
→ Mannheimer Kosmetikschule,
www.mannheimer-kosmetikschule.de

Spezialisierung und Weiterbildung

Über Spezialisierungs- und Weiterbildungsmöglichkeiten informiert die Datenbank KURS des Arbeitsamtes unter *http://berufenet.arbeitsamt.de/bnet2/M/B8359105weiterb_t.html.*

Stellensuche

Interessierte können sich bei der örtlichen Industrie- und Handelskammer nach Ausbildungsplätzen erkundigen. Das funktioniert heute übrigens zumeist auch online, da die IHKn auf ihrer jeweiligen Homepage in der Regel einen Link „Ausbildungsbörse" bzw. „Lehrstellenbörse" anbieten.

Im Internet hilft oft auch der Blick in ASIS, den Ausbildungsplatz-Informationsservice des Arbeitsamtes, unter *www.arbeitsamt.de.*

Für Initiativbewerbungen empfiehlt sich die Suche nach Ausbildungsbetrieben in den Gelben Seiten. Potenzielle Arbeitgeber sind vor allem die Theater, aber auch Fernsehanstalten sowie Film-, Foto- und Showproduzenten.

Marktbeobachtungen

Wie überall im Bereich Theater, Film, Fernsehen bzw. Veranstaltungen sind die Arbeitszeiten auch in diesem Beruf sehr unregelmäßig. Ein Einsatz an Sonn- und Feiertagen sowie in den Abendstunden ist insbesondere bei Dreharbeiten oder vor Premieren üblich.

Das Einkommen von Maskenbildnern hängt wesentlich von den jeweils spezifischen Arbeits- und Qualifikationsanforderungen ab. Daneben spielen in der Regel Berufserfahrung und Lebensalter eine Rolle.

Weiterführende Informationen

Deutscher Bühnenverein,
www.buehnenverein.de/berufe/berufe_details.php?id=25

Mediengestalter Bild und Ton
Mediengestalterin Bild und Ton

Was machen Mediengestalter Bild und Ton?

Mediengestalter Bild und Ton sind Fachleute für die elektronische Produktion von Bild- und Tonmedien. Das können etwa Nachrichten- und Magazinbeiträge, Dokumentationen, Hörspiele, Werbespots, Lehrfilme oder Musikvideos sein.

Wenngleich die Schwerpunkte ihrer Arbeit sehr verschieden sind, sollten angehende Mediengestalter Bild und Ton zwei Eigenschaften auf jeden Fall mitbringen: ein Faible (und Verständnis) für Technik sowie eine „dicke Haut" gegenüber der Hektik des quirligen Arbeitsumfeldes „elektronische Medien".

Mediengestalter Bild und Ton arbeiten in unterschiedlichen Phasen der Herstellung bzw. Bearbeitung von Bild- und Tonmaterial mit. Dafür brauchen sie fundierte Kenntnisse über den Einsatz von Kameras, Scheinwerfern, Mikrofonen, Beleuchtungsgeräten sowie Ton- und Bildgeräten wie etwa Mischpulten.

Je nach Ausbildungsbetrieb und persönlichen Neigungen ergeben sich folgende Arbeitsschwerpunkte: Ton- und Bildaufnahme, Ton- und Bildschnitt, Ton- und Bildnachbearbeitung, Ton- und Bildwiedergabe, multimediale Anwendungen.

Bei Ton- und Bildaufnahmen kommt es vor allem auf die richtige Auswahl der technischen Hilfsmittel an. Schon im Vorfeld einer Produktion wählen die Mediengestalter Aufnahme- und Wiedergabegeräte aus und überprüfen sie, damit keine kostspieligen Pannen entstehen. Was fehlt, mieten sie im Auftrag der Firma an. Bei den Aufnah-

mearbeiten selbst überwachen sie das einwandfreie Funktionieren der Technik und stellen mögliche Störquellen fest.

Anschließend bearbeiten sie Bild und Ton nach. Dafür prüfen sie die fertigen Aufnahmesequenzen, um Fehler zu beheben. Oder sie unterlegen Teile eines Filmes mit Musikelementen bzw. Effekten wie Sprachverzerrung. In dieser Phase müssen die Spezialisten bestimmte Bildabschnitte oft auch nachvertonen – dann arbeiten die kreativen Techniker mit Geräuschemachern oder Ton-Designern zusammen.

Beim Bild- und Tonschnitt dreht sich alles um die Nachbearbeitung von Aufnahmen. Die Arbeit ähnelt der von Film- und Videoeditoren (vgl. S. 26): Sie sind für den Schnitt des Bild- und Tonmaterials nach redaktionellen Vorgaben und gestalterischen Gesichtspunkten zuständig. Dazu gehört die Bildmischung, bei der Mediengestalter Zuspielungen – insbesondere Effekte und Schriften – mit dem gedrehten Material kombinieren und montieren.

Bei all diesen Arbeitsschritten stehen Mediengestalter Bild und Ton in enger Kommunikation mit anderen Produktionsmitarbeitern. Sie berücksichtigen immer die Vorgaben der an einer Produktion beteiligten Fachleute, also etwa der Redaktion, der Regie, der Kamera sowie der Licht- und Schnittspezialisten. Außerdem achten sie auf die Einhaltung von Zeiten und Budgetrahmen.

Mediengestalter Bild und Ton sollten technische und musische Fähigkeiten mitbringen: Einerseits überwachen und prüfen sie die technischen Geräte, die bei einer Medienproduktion zum Einsatz kommen. Andererseits brauchen sie ein feines Gehör, etwa für die Tonnachbearbeitung. Außerdem erfordert die Bildmischung ein künstlerisches Gespür für die Konzeption einer Aufnahme – schließlich soll diese nicht mit Effekten überfrachtet werden.

Nach ihrer Ausbildung sind Mediengestalter Bild und Ton noch lange keine fertigen Spezialisten für Einzelbereiche wie z.B. Kamera, Schnitt oder Ton.

Für eine professionelle Arbeit in diesen Spezialbereichen sind intensive Zusatzkenntnisse z.B. in der Filmdramaturgie und -geschichte, Ästhetik und natürlich Technik notwendig. Aber sie werden in vielen technischen und gestalterischen Arbeitsfeldern als gute, „multitalentierte" Assistenten ihren Weg gehen. Für eine weitere Spezialisierung in individuellen „Lieblingsbereichen" wie Kamera, Ton, Schnitt, Trick oder Multimedia bieten sich die verschiedensten Wege an, etwa die Arbeit als Assistent mit erfahrenen Profis, eine Fortbildung oder auch ein Studium.

Wie wird man Mediengestalter Bild und Ton?

Zu diesem Beruf führt eine dreijährige Ausbildung im dualen System.

Die Ausbildung zum Mediengestalter Bild und Ton ist bei ausbildungsberechtigten Betrieben in der Film-, Fernseh- oder Hörfunk- und Musikbranche möglich. Das können beispielsweise öffentlich-rechtliche und private Fernsehsender, Filmproduktionsfirmen, Werbe- und Industriefilmproduktionen, Geräteverleiher (Kamera, Licht), Tonstudios, Hörfunksender, Filmbearbeitungsfirmen und Synchronstudios sein.

Gegenwärtig werden Mediengestalter in unterschiedlichen Betrieben im gesamten Bundesgebiet ausgebildet. Interessierte

» **Praxisbeispiel Jörg Siegeler**

Einen Ton „angeln", diese Wendung ist schnell in das Vokabular von Jörg Siegeler eingegangen: „Ich positioniere ein Mikrofon, das an einer langen Stange sitzt, so über den Köpfen der Darsteller, dass es im Film nicht sichtbar ist. Mit dem mobilen Mischer und über den Kopfhörer achte ich gleichzeitig darauf, den Ton nicht zu übersteuern, damit das Gesprochene verständlich und frei von Nebengeräuschen ist", erläutert der angehende Mediengestalter Bild und Ton.

Jörg, der seine Ausbildung im Bochumer Unternehmen Echopark Rüdiger Konetschny absolviert, beschreibt andere typischen Tätigkeiten: „Wir drehen häufig Imagefilme, in denen sich Unternehmen präsentieren. Die werden dann für interne Schulungen oder für Kunden genutzt. Das bedeutet natürlich viele Außentermine. Meine Aufgabe vor Ort ist es vor allem, die Technik zu betreuen, aufzubauen und im Hinter-

grund dafür zu sorgen, dass alles reibungslos funktioniert. Dazu gehört auch, die Beleuchtung so einzurichten, dass die Drehszene vernünftig ausgeleuchtet ist, darauf zu achten, dass die Kabel gezogen sind und die Akkus der Kamera immer voll sind."

Wenn Jörg und sein Drehteam alle Bilder „im Kasten" haben, folgt die Nachbearbeitung der Aufnahmen im Betrieb: „Wir kommen von einem Außentermin mit, sagen wir, drei bis vier Kassetten Filmmaterial zurück, die natürlich gesichtet werden. Zur weiteren Verarbeitung gehört zum Beispiel der Bildschnitt – übrigens eine Arbeit, bei der die gestalterischen Anteile dieses Berufes zur Geltung kommen.

‚Bildschnitt' meint, die einzelnen Szenen nach den Vorgaben des Drehbuches am Rechner zusammenzufügen und anschließend mit Effekten wie Musikeinblendungen zu unterlegen."

→ *Der Echopark im Internet:*
www.echopark.de

sollten sich aber schon bei der Wahl des Ausbildungsbetriebes über ihre Neigungen klar sein: Schließlich kann sich die Ausbildung in der Senderegie eines größeren Senders zusammen mit anderen Auszubildenden von der individuellen Ausbildung in einem kleinen Synchronstudio sehr unterscheiden.

Spezialisierung und Weiterbildung
Je nach Neigung des Einzelnen und Anforderungen des Betriebes bieten sich verschiedene Spezialisierungen an. Angeboten werden zum Beispiel Lehrgänge zu den Themen Tontechnik, Regiearbeit, Filmbeleuchtung und Lichtgestaltung oder zum Thema Computeranimation.

Im Detail informiert die Datenbank KURS des Arbeitsamtes unter *www.arbeitsamt.de* über mögliche Fortbildungen.

Stellensuche
Interessierte sollten sich bei der örtlichen Industrie- und Handelskammer nach Ausbildungsplätzen erkundigen. Das funktioniert heute übrigens zumeist auch online, da die Kammern auf ihrer jeweiligen Homepage in der Regel einen Link „Ausbildungsbörse" bzw. „Lehrstellenbörse" anbieten.

Im Internet hilft oft der Blick in ASIS, den Ausbildungsplatz-Informationsservice des Arbeitsamtes, unter *www.arbeitsamt.de*.

Für Initiativbewerbungen empfiehlt sich die Suche nach Ausbildungsbetrieben in den Gelben Seiten. Potenzielle Arbeitgeber sind öffentlich-rechtliche oder kommerzielle Hörfunk- und Rundfunkanstalten, aber auch Film-, Video- und Tonstudios.

Marktbeobachtungen

Durch die Zulassung privater Fernsehsender 1984 haben sich die Programmanbieter und – auf der Zuliefererseite – die unabhängigen Film-, Video- und Tonproduktionsfirmen in wenigen Jahren um ein Vielfaches vermehrt.

Gleichzeitig führte der verstärkte Einsatz von Computern und die Umstellung von analoger auf digitale Technik zu neuen Tätigkeitsfeldern und zusätzlichen Anforderungen.

Aus diesem Bedarf heraus entstand das neue Berufsbild des Mediengestalters Bild und Ton, das 1996 als Ausbildungsberuf staatlich anerkannt wurde.

Bis heute gilt: Das Wissen um neue Techniken der Bild- und Tonverarbeitung ändert sich ständig, so dass regelmäßige Fortbildungen Voraussetzung für beruflichen Erfolg sind. Die Programmprospekte von Weiterbildungsträgern wie Berufsakademien oder Filmhäusern sollten Mediengestalter sich daher immer genau ansehen.

Mediengestalter Bild und Ton erhalten in den alten Bundesländern folgende Ausbildungsvergütungen:

1. Ausbildungsjahr: 515 Euro
2. Ausbildungsjahr: 581 Euro
3. Ausbildungsjahr: 661 Euro.

Für die neuen Bundesländer lagen zum Zeitpunkt der Veröffentlichung keine Angaben vor.

Als Angestellte können Mediengestalter Bild und Ton beispielsweise eine tarifliche Grundvergütung von 1.805 Euro bekommen.

Weiterführende Informationen

www.neue-ausbildungsberufe.de: Der Link *www.neue-ausbildungsberufe.de/Mediengestalter-Bild-Ton/beispiele/bsp-übersicht.htm* führt zu einer Reihe lebendiger Praxisbeispiele, in denen Auszubildende aus ihrer Berufspraxis erzählen.

Kandorfer, Pierre (sechste aktualisierte Auflage 2002): Lehrbuch der Filmgestaltung. Theoretisch-technische Grundlagen der Filmkunde, Mediabook Verlag, 250 Seiten, 47 Euro

Webers, Johannes (2002): Handbuch der Film- und Videotechnik, Franzis Verlag, 720 Seiten, 69,95 Euro

Mediengestalter/-in für Digital- und Printmedien

Was machen Mediengestalter für Digital- und Printmedien?

Kaum ein Wirtschaftszweig hat sich durch den Einzug der Computertechnik so verändert wie die Druckindustrie: Von der Medienvorlage bis hin zum Endprodukt ist die Arbeit ohne den PC hier schon seit längerem nicht mehr denkbar.

Die Daten, die bei Druckereien, Verlagen, aber auch Werbeagenturen eingehen, durchlaufen bis zur fertigen CD-ROM oder zum druckfrischen Buch immer komplexere Anlagen. Einer der wichtigsten Spezialisten, die diesen „Informationsinput" heute managen, ist der Mediengestalter für Digital- und Printmedien. Das erst 1998 geschaffene Berufsbild ersetzt alte Berufe der Branche wie etwa den Schriftsetzer oder Werbevorlagenhersteller. Es ist eine Antwort auf den neuen Qualifikationsbedarf, den die technische Modernisierung mit sich gebracht hat.

Die Ausbildung ist in vier Fachrichtungen möglich: Medienberatung, Mediendesign, Medienoperating und Medientechnik. Schwerpunktmäßig erwerben dabei alle Mediengestalter das technische Wissen, das für die Herstellung von Print- oder Non-Print-Produkten nötig ist. In die erste Kategorie fallen beispielsweise Plakate oder Zeitungsanzeigen, in die zweite CD-ROMs oder Internetseiten.

Fachrichtung Medienberatung

Medienberater sind die Projektmanager unter den Mediengestaltern: Sie beraten und betreuen Kunden und erledigen kaufmännische Auftragsarbeiten und Marketingaufgaben. Für die Realisierung eines Medienproduktes überwachen sie Termine, planen das Budget sowie den Einsatz von Personal und Sachmitteln wie Hard- oder Software. Darüber hinaus kalkulieren sie Angebote und bereiten Präsentationen beim Kunden vor.

Die Fachrichtung Medienberatung ersetzt keine kaufmännische Ausbildung, sondern verbindet technische Qualifikationen mit kaufmännischen Inhalten. Aus diesem Grund erwirbt der Mediengestalter ebenso wie seine Kollegen der anderen Fachrichtungen schwerpunktmäßig technisches Know-how, das man für die Herstellung von Print- oder Multimedia-Produkten benötigt.

Fachrichtung Mediendesign

Für Mediendesigner stehen gestalterische Tätigkeiten im Mittelpunkt. In dieser Fachrichtung entwickeln Mediengestalter Designkonzepte für Print- oder Multimedaprodukte. So könnte ihre Aufgabe beispielsweise lauten, Text- und Bildelemente zu einer ansprechenden und nutzerfreundlichen Website zusammenzuführen. Mit den neuesten Grafik- und Bildbearbeitungsprogrammen – etwa Photoshop oder InDesign – kreieren sie so genannte medienneutrale Datensätze. Diese lassen sich sowohl für Print- als auch für Non-Print-Produktionen verwenden. Dabei kann es sich um Webseiten oder CD-ROMs ebenso wie Zeitschriften, Broschüren oder Werbeprospekte handeln. Mediendesigner gestalten auch Bildschirmoberflächen und hinterlegen die Benutzerschnittstellen, die Links und Buttons, mit denen User durch das Menü navigieren.

Fachrichtung Medientechnik

Die Fachrichtung Medientechnik hat den alten Beruf des Reprografen ersetzt. Medientechniker sind die Fachleute für den Einsatz der Hard- und Software, die für die Verwirklichung eines Projektes gebraucht wird. Sie prüfen die aus verschiedensten Quellen angelieferten Daten auf Vollständigkeit, Verwertbarkeit und Kompatibilität mit den Haus-Systemen, kurz: Sie bereiten Daten produktionsorientiert auf.

Medienoperating

Medienoperator schließlich kombinieren Text-, Bild- und Grafikdaten für Multimedia- oder Printprodukte. Auch die Mediengestalter dieser Fachrichtung bereiten Daten so auf, dass Kunden in der Lage sind, sie mehrfach zu nutzen – ob nun für die Internetseite oder die Werbebroschüre.

So sorgen Medienoperator beispielsweise dafür, dass am Grafikcomputer gestaltete Seiten, die Texte, Fotos oder Grafiken enthalten, nicht nur als Printprodukt erstellt werden, sondern gleichzeitig ins Internet gestellt werden können. Im letzteren Falle vielleicht mit zusätzlichen Links oder Buttons versehen und visuell animiert.

Die kurze Vorstellung der Fachrichtungen hat es bereits gezeigt: Es gibt durchaus Überschneidungen zwischen den einzelnen Vertiefungen, die Auszubildende in diesem Beruf wählen können. Generell sollten sich Interessierte daher vor dem Berufseinstieg vor allem diese Frage stellen: Will ich eher gestalten, beraten oder managen?

» Praxisbeispiel Nadja Krone

*„Weniger ist oft mehr." Diese verbreitete Redensart bekommt für Nadja Krone während ihrer Ausbildung zur Mediengestalterin der Fachrichtung „Medienberatung" regelmäßig eine ganz praktische Bedeutung: „Schwerpunkt meiner Arbeit ist die ansprechende Gestaltung von Print- und Non-Print-Produkten. Ob es dabei um die Konzeption von Plakaten oder von Websites geht: Ich habe immer eine Vielzahl von Texten und Bildern zur Verfügung, die ich zu einem übersichtlichen Endprodukt zusammenfüge. Im Zweifel lasse ich dann nach entsprechender Rücksprache eher etwas weg, als das Projekt mit Informationen zu überladen."
Damit das jeweilige Medium zum Blickfang wird, überlegt Nadja beispielsweise, wie viele Spalten, welche Bündigkeit oder welche Schriftart der Text hat. Wenn Bilder Flecken aufweisen, retuschiert sie diese mit „Photo-shop". Diese Bildbearbeitungssoftware gehört neben den Programmen „Freehand"*

und „InDesign" zu ihren häufigsten Arbeitsinstrumenten.

Nadja steht derzeit kurz vor dem Abschluss ihrer Ausbildung beim Bielefelder W. Bertelsmann Verlag. In ihrer Prüfung vor der Industrie- und Handelskammer hatte sie die Aufgabe, mit einem Budget von 65.000 Euro ein Marketingkonzept für die Personalrekrutierung zu erstellen. „Ich sollte Leute mit Berufserfahrung für den Wechsel in ein fiktives Unternehmen begeistern. Für die Umsetzung war ein Mix aus Print- und Non-Print-Medien die Vorgabe." Neben einer Internetseite entwarf Nadja Anzeigen für diverse Fachzeitschriften und die „Frank-furter Rundschau" – schließlich hatte die „Firma" ihren Sitz in Wies-baden. Da sie für ihre Aufgabe neben dem fertigen Text auch 32 Abbildungen zur Verfügung hatte, gab es noch genug Material für eine Imagebroschüre und diverse Plakate.

→ Der W. Bertelsmann Verlag im Internet: www.wbv.de

Das Arbeitsumfeld dieser Spezialisten ist abhängig von der Struktur, der Betriebsgröße und der Spezialisierung des Unternehmens. Der Mediengestalter der Fachrichtung Medienberatung arbeitet in einem Buch- oder Zeitschriftenverlag beispielsweise eng mit Mitarbeitern der Bereiche Vertrieb und Marketing, dem Projektmanagement und Kollegen im Rechnungswesen und Buchhaltung zusammen.

In den Fachrichtungen Mediendesign oder Medienoperating sind sie in Werbe- oder Multimediaagenturen in der Regel Mitglied eines Projektteams. Kollegen sind hier etwa der verantwortliche Art-Direktor, Texter und Grafiker, aber auch Mediengestalter der Fachrichtung Medientechnik.

Wie wird man Mediengestalter für Digital- und Printmedien?

Die Ausbildung zum Mediengestalter dauert drei Jahre und wird in einer der beschriebenen Fachrichtungen absolviert.

Spezialisierung und Weiterbildung

Mediengestalter können sich je nach Neigung auf unterschiedliche Bereiche spezialisieren: etwa auf Elektronische Bildbearbeitung, Manuelle Bogenmontage, Digitale Druckformherstellung oder Screen Design.

Für Mediengestalter gibt es eine Reihe von Weiterbildungsmöglichkeiten: Viele Schulungszentren bieten Seminare für Multimediaanwendungen an, so zum Beispiel die Macromedia Akademie für Neue Medien (*www.macromedia.de*).

Nach bestandener IHK-Prüfung zum Medienfachwirt locken Leitungsaufgaben. Das für diese Prüfung nötige Wissen vermitteln die Kammern in einer zweijährigen Teilzeitausbildung – man kann es also berufsbegleitend erwerben!

Stellensuche

Interessierte sollten sich bei der örtlichen Industrie- und Handelskammer (bzw. im Falle der Fachrichtung Mediendesign auch Handwerkskammer) nach Ausbildungsplätzen erkundigen. Das funktioniert heute übrigens zumeist auch online, da die Kammern auf ihrer jeweiligen Homepage in der Regel einen Link „Ausbildungsbörse" bzw. „Lehrstellenbörse" anbieten.

Im Internet hilft oft der Blick in ASIS, den Ausbildungsplatz-Informationsservice des Arbeitsamtes, unter *www.arbeitsamt.de*.

Für Initiativbewerbungen empfiehlt sich die Suche nach Ausbildungsbetrieben in den Gelben Seiten. Potenzielle Arbeitgeber sind Werbe- und Multimediaagenturen, Verlage, Betriebe der Druck- bzw. Medienvorstufe oder Druckereien.

Marktbeobachtungen

Die Digitalisierung der Gesellschaft erschließt immer neue Arbeitsfelder für Mediengestalter. Zunehmend gefragt sind beispielsweise so genannte Cross-Media-Produkte, d.h. die Verknüpfung unterschiedlicher Medien. Für die daraus resultierenden Aufgaben, etwa Bewegtbildsequenzen in Webseiten zu integrieren oder die CD-ROM zum Buch zu gestalten, sind Mediengestalter bestens qualifiziert.

Während der Ausbildung verdienen Mediengestalter in den neuen Bundesländern im ersten Jahr 690 Euro, im zweiten Jahr 743 Euro und im dritten Jahr 798 Euro. Für die alten Bundesländer betragen die Gehälter 707, 758 und schließlich 810 Euro (Stand: 2002).

Weiterführende Informationen

www.mediengestalter2000plus.de: Diese Plattform des Zentral-Fachausschusses Berufsbildung Druck und Medien (ZFA) informiert umfassend über das neue Berufsbild – unter anderem mit Kurzvideos aus der Praxis.

www.neue-ausbildungsberufe.de: Die Links „Beispiele" ➔ „Alphabetisch" ➔ „Mediengestalter/-in für Digital- und Printmedien" führen zu einer Reihe lebendiger Praxisbeispiele, in denen Auszubildende aus ihrer Berufspraxis erzählen.

Fries, Christian (2002): Mediengestaltung, Fackler Verlag, 220 Seiten, 29,90 Euro

Radtcke, Susanne u.a. (2001): Handbuch visuelle Mediengestaltung, Cornelsen Verlag, 320 Seiten, 36 Euro

Museumspädagoge
Museumspädagogin

Was machen Museumspädagogen?

Wenn Kindergruppen im Ägyptischen Museum Zeichnungen von Pharaonen bunt ausmalen, sind mit Sicherheit Museumspädagogen an dieser Idee beteiligt gewesen. Und falls der Meteoriteneinschlag im Planetarium des Naturkundemuseums zum multimedialen 360-Grad-Spektakel in Kinoqualität wird, haben sie konzeptionell wahrscheinlich ebenfalls mitgewirkt: Museumspädagogen nämlich sind vor allem für die Vermittlung und Kommunikation musealer Inhalte verantwortlich. Sie machen Museum erlebbar.

Dass die Spezialisten dabei zunehmend auf Multimediaelemente zurückgreifen und virtuelle, möglichst interaktive Realitäten erzeugen, ist auf ein neues Museumsverständnis zurückzuführen: Museen entwickeln sich seit Jahren weg von Orten des schlichten Sammelns bzw. Konservierens und hin zu Spiel- und Lernorten. Dies ist nicht zuletzt auf den Veränderungsdruck durch alternative Freizeitangebote zurückzuführen. Als „staubige Tempel" könnten sich Museen heute nicht mehr gegen Erlebnisparks, PC- und Videospiele oder die immer aufsehenerregenderen Trickeffekte des Kinos behaupten.

Bei ihrer Hauptaufgabe, Museumsinhalte für unterschiedliche Zielgruppen erfahrbar zu machen, gehen Museumspädagogen verschiedene Wege. Eine wichtige Bedeutung hat die direkte Vermittlungsarbeit in Form von Führungen. Diese müssen ganz spezifisch auf unterschiedliche Altersgruppen ausgerichtet sein: Erwachsenen mögen die Aggregatzustände von Wasser auch im theoretischen Vortrag plausibel erscheinen, kleine Kinder verstehen die Gasförmigkeit des nassen Elements womöglich nur im Angesicht eines brodelnden Topfes.

Daneben konzipieren Museumspädagogen Mal-, Spiel- und Werkangebote zu bestimmten Ausstellungsthemen. Das kann der Zeichenworkshop zur Comicausstellung genauso sein wie das Backen von Brötchen nach römischem Rezept im Archäologischen Park.

Zu den Tätigkeiten in einem Museum gehört auch das Beschaffen von Leihgaben (dabei eventuell das Verhandeln mit Sponsoren) und die Betreuung des Museumsbestandes in Zusammenarbeit mit anderen Museumsfachkräften.

Museumspädagogen kennen sich mit den Techniken der Inventarisierung, Dokumentation und eventuell auch Restaurierung von Museumsgut aus.

Darüber hinaus sind Museumspädagogen als indirekte Kulturvermittler tätig: Für Schulen etwa erstellen sie didaktische Materialien wie Arbeitsmappen, die einen direkten Bezug zu den Gegenständen im Museum wie zu den Lerninhalten der Schule aufweisen.

Wie wird man Museumspädagoge?

Bundesweit qualifizieren verschiedene Studiengänge für dieses Berufsbild: An der Berliner Humboldt-Universität beispielsweise gibt es den Magisterstudiengang Erziehungswissenschaft mit dem Schwerpunkt Museumspädagogik. Ein bis zwei museumspädagogische Veranstaltungen stehen hier pro Semester auf dem Programm. Sie beinhalten beispielsweise museumspädagogische Erkundungen oder Seminare zur Geschichte des Museums als Bildungsstätte (*www2.hu-berlin.de/museumspaedagogik*).

Die Berliner Fachhochschule für Technik und Wirtschaft bietet den Diplomstudiengang „Museologe/-in" an (*www.f2.fhtw-berlin.de/f5/musku*).

Den gleichen Abschluss können Interessierte an der Leipziger Hochschule für Technik, Wirtschaft und Kultur erwerben (*www.htwk-leipzig.de/stud/studgang/museolog.htm*).

Spezialisierung und Weiterbildung

Für Berufstätige ist beispielsweise der viersemestrige Nachdiplomlehrgang „Museumskommunikation QuamPlusPerfekt" in Wolfenbüttel interessant. Die dortige Bundesakademie für kulturelle Bildung bietet Museumsmitarbeitern in Blockseminaren und Praxisprojekten eine berufsbegleitende Qualifizierung in Schlüsselkompetenzen der Museumskommunikation an (*www.bundesakademie.de/quam.htm*).

Ein Überblick über weitere museumspädagogische Fortbildungen findet sich im Internet auf der Website des „Arbeitskreises Museumspädaogik-Nord e.V." (*www.ak-museumspaedagogik.de/Links/Aus_und_Fortbildung*).

Alternativ können sich Interessierte über die Website *http://berufenet.arbeitsamt.de/bnet2/M/B8828105weiterb_t.html* der Datenbank KURS des Arbeitsamtes informieren.

Praxisbeispiel
Dr. Michael Matthes

Die „Lange Nacht der Museen" zu Berlin hatte noch bis vor kurzem einen festen Platz im Arbeitspensum von Michael Matthes, der den Fachbereich technische und naturwissenschaftliche Sammlungen beim Museumspädagogischen Dienst Berlin leitet. „Die ,Lange Nacht' ist eines der Highlights in unserem Programmangebot. In der Vergangenheit habe ich Besucher für dieses Event unter thematischen Schwerpunkten wie beispielsweise ,Tiere im Museum' oder ,Technikentwicklung in Preußen' durch Museen geführt. Die Teilnehmer der aktuellen 13. ,Langen Nacht' dürfen sich auf Ausstellungen freuen, die allesamt zutiefst in europäischer Kulturtradition verwurzelt sind. Die Sprachen, die Musik und die Dichtung des Kontinents werden im Mittelpunkt der Veranstaltung stehen. Von 18.00 Uhr bis 2.00 Uhr nachts werden Busse die Besucher dafür zu verschiedenen Berliner Museen bringen. Dort erwarten die

Kulturhungrigen nicht nur Führungen, sondern auch Konzerte, Performances, Lesungen, Filme und vieles mehr. "

Im Mittelpunkt von Matthes' Arbeit steht die Vermittlung musealer Inhalte in technischen und naturwissenschaftlichen Einrichtungen: „Dieser Transfer kann in unterschiedlichster Form stattfinden, durch Medien bzw. Publikationen, in Gesprächen oder Rollenspielen oder eben als besondere Veranstaltung wie die ‚Lange Nacht'. "

Wer sich für den Beruf des Museumspädagogen interessiert, sollte vor allem Geduld und Kommunikationsbereitschaft mitbringen: „Der Museumspädagoge ist heute mehr Moderator als Lehrender. Seine Fähigkeiten zeigen sich darin, dass er den Besuchern nicht doziert, sondern ihr Wissen und ihre Kenntnisse aktiviert und vertieft. "

→*Der Museumspädagogische Dienst Berlin im Internet: www.mdberlin.de*

Stellensuche

Alle einschlägigen Fachzeitschriften für den Museumsbereich enthalten auch Stellenausschreibungen: Es handelt sich dabei vor allem um die Verbandsorgane „Bulletin" und „Museumskunde" des Deutschen Museumsbundes sowie die Zeitschrift „Kunstchronik" des Verbandes Deutscher Kunsthistoriker.

Stellen für Museumspädagogen finden sich unregelmäßig auch in der Zeitschrift „arbeitsmarkt Bildung Kultur Sozialwesen" des Wissenschaftsladens Bonn (*www.wilabonn.de*).

Im Internet empfiehlt sich die Stellensuche über die Website des Deutschen Museumsbundes (*www.museumsbund.de* → Service → Stellenangebote).

Berufseinsteiger sollten aber auch die Internetauftritte der einzelnen Museen selbst aufsuchen, die hier häufig Vakanzen veröffentlichen. Ein sehr umfangreiches Verzeichnis deutschsprachiger Museen ist mit rund 10.000 Museumseinträgen und über 6.000 Webadressen unter *www.webmuseum.de* zu finden.

Marktbeobachtungen

Die Mehrheit der Museumspädagogen arbeitet derzeit freiberuflich oder als Angestellter eines der so genannten museumspädagogischen Dienste, die nicht an eine bestimmte Einrichtung gebunden sind. Fest angestellte Pädagogen im Museum selbst sind also in der Minderheit – allerdings bietet diese Struktur über freie Mitarbeiterschaften und Projektverträge auch gute Chancen für den Berufseinstieg.

Trotz knapper Kassen stellt die Museumspädagogik innerhalb der Museumsberufe einen Wachstumssektor dar. Dies ist auf den bereits eingangs erwähnten Marktdruck durch alternative Freizeitangebote zurückzuführen. Die Museen setzen verstärkt auf museumspädagogische Konzepte, um Besucher zu gewinnen bzw. zu halten. Dies lässt sich auch an anderen Vermarktungsinitiativen erkennen, die sich in den letzten Jahren eingebürgert haben: Museumsläden oder Cafés sind heute fester Bestandteil der meisten Museen.

Die Vergütung variiert stark, je nachdem, ob ein Pädagoge an einer Fachhochschule oder Universität studiert hat, je nach finanzieller Situation der Museen und in Abhängigkeit vom Aufgabenbereich.

Weiterführende Informationen

Bundesverband Museumspädagogik e.V.,
www.museumspaedagogik.org

Deutscher Museumsbund e.V.,
www.museumsbund.de

Dech, Uwe Christian (2003): Sehenlernen im Museum. Ein Konzept zur Wahrnehmung und Präsentation von Exponaten, Transcript Verlag, 175 Seiten, 19,80 Euro

Schmidt-Herwig, Angelika (1996): Museumspädagogik in der Praxis, Brandes & Apsel Verlag, 143 Seiten, 13,80 Euro

Schulze, Claudia (2001): Multimedia in Museen. Standpunkte und Aspekte interaktiver digitaler Systeme im Ausstellungsbereich, Deutscher Universitäts-Verlag, 166 Seiten, 29 Euro

Was machen Musikmanager?

Musikmanager arbeiten an der Schnittstelle von Kultur, in diesem Falle Musik, und Kommerz. Ob als Selbstständige bzw. Mitarbeiter im Agenturbereich oder als Angestellte großer Plattenfirmen wie Sony, bei denen sie in der Regel Artist & Repertoire Manager (A & R-Manager) heißen: Sie sind das Bindeglied zwischen den Künstlern und dem Markt, auf dem sich beide – der Musiker mit seinem Werk, der Manager mit „seinem" Musiker – bewähren müssen. Der Erfolg des einen ist also der Erfolg des anderen.

Das Aufgabenspektrum von Musikmanagern ist breit. Dazu gehört zunächst der Auf- und Ausbau eines Künstlerstammes und eines entsprechenden Genre-Repertoires. Diesen „Haus-Musikern" vermittelt der Musikmanager Auftritte bzw. Engagements. Glückt dies, erhält also etwa die Band ihren „Gig" auf dem Stadtteilfest, ist der Manager prozentual an der Gage beteiligt.

Die Präsentation des Künstlers und damit verbunden sein marktfördernder Imageaufbau umfasst aber auch klassische Instrumente der Öffentlichkeitsarbeit, deren Umfang natürlich von der Größe der betreuenden Agentur abhängt. So sorgt der Musikmanager für Auftritte im Fernsehen, im Hörfunk oder auf Galaveranstaltungen, schreibt Pressemitteilungen über den Musiker bzw. sein neuestes Album oder konzipiert Merchandisingprodukte.

Musikmanager vermitteln ihren Schützlingen Plattenverträge, wofür sie Kontakte zu den A & R-Managern der großen Labels halten. Verfügt eine Agentur über ein eigenes Label, können die Musiker ihre Tonträger, Demobänder oder Videos aber auch direkt bei ihrem Musikmanager in Auftrag geben, der sie dann produziert. Für Interpreten, die auf Fremdtexte und -kompositionen angewiesen sind, verhandelt dieser zudem mit Musikverlagen.

Dabei betreuen die meisten Manager mehrere Künstler. Speziell im Sektor der Unterhaltungsmusik, wo Karrieren oft kurzlebig sind, ist dies nachvollziehbar.

Wie wird man Musikmanager?

Der Zugang zu diesem Beruf ist nicht geregelt. Geeignete Qualifikationen sind beispielsweise ein musikwissenschaftliches Studium oder eines aus dem Bereich Kulturmanagement. Letzteres bietet die Fernuniversität Hagen an (www.fernuni-hagen.de). Aber auch Betriebswirtschaftler haben gute Chancen, wenn sie jenes Kriterium erfüllen, das unabhängig von der formalen Ausbildung ganz essenziell für den Einstieg in dieser Branche ist: „Du musst in der Szene sein, also Künstler und Veranstalter kennen", stellt Tom Kummerfeldt von der Bielefelder Agentur für Musik- und Kulturmanagement „Newtone" heraus. So verwundert es nicht, dass viele erfolgreiche Musikmanager Praktika bei Plattenfirmen oder Musikverlagen absolviert oder eigene Erfahrungen als Musiker gesammelt haben.

Eine Liste mit Firmen, die Praktikumsstellen vergeben, kann beim Bundesverband der Veranstaltungswirtschaft angefordert werden (*www.idkv.de*). Eine Auswahl der führenden Tonträgerunternehmen und Musikverlage enthält auch der als Informationsquelle zu diesem Beruf ohnehin kaum zu umgehende Branchenbrief Musikmanagement der Volksbanken Spar- und Darlehenskassen in Westfalen (*www.volksbank-brilon.de/branchenbriefe/BB145.txt*).

Spezialisierung und Weiterbildung

Die Rockstiftung Baden-Württemberg bietet unter *www.popforum.de* (→ Scrollbalken-Link „Seminare") eine Vielzahl von Weiterbildungskursen an. Diese beziehen sich allesamt auf das Musik-Business und sind nach Themenbereichen wie Allgemein (unter anderem: „Bandcoaching – gecoacht und trotzdem real?", „Existenzgründung in der Musikbranche"), Management, Promotion & Marketing oder Finanzierung, Recht und Co. gegliedert.

Stellensuche

Stellen für Musikmanager finden sich unregelmäßig in der Zeitschrift „arbeitsmarkt Bildung Kultur Sozialwesen" des Wissenschaftsladens Bonn (*www.wilabonn.de*). In „arbeitsmarkt" werden unter anderem die Stellen aus den Fachzeitschriften „neue musikzeitung" und „Das Orchester" ausgewertet – zwei Abonnements, auf die man für die Stellensuche also verzichten kann.

Eine weitere empfehlenswerte Special-Interest-Zeitschrift ist der vierzehntägig erscheinende „Musikmarkt".

Im Internet hilft oft der Blick in SIS, den Stellen Informations-Service des Arbeitsamtes, unter *www.arbeitsamt.de*. Klein und fein ist die Jobbörse unter *www.kulturmanagement.net*, die allerdings alle Kulturberufe abdeckt.

Praxisbeispiel

Tom Kummerfeldt

Tom Kummerfeldt produziert Öffentlichkeit. Für derzeit 17 Bands vermittelt der Geschäftsführer und Gründer von Newtone, einer Bielefelder Agentur für Musik- und Kulturmanagement, Auftritte in ganz Deutschland. Im Branchenjargon heißt das „booking": „Unser Angebot sieht so aus: Wenn eine Band zu uns kommt, weil sie bekannter und kommerziell erfolgreich werden möchte, suchen wir Veranstalter wie Clubs, Festivals oder Stadtfeste und handeln die Auftrittsgagen aus", führt Tom aus.

Newtone ist aber auch selbst als Veranstalter aktiv. Die Agentur betreut beispielsweise das komplette Kulturprogramm von Zweischlingen, einem Kulturzentrum im Bielefelder Stadtteil Quelle. „Dort wird jeden Samstag eine Mischung aus Rock, Reggae, Ethno sowie Kleinkunst, Kabarett und Comedy angeboten."

Für Unternehmen wie die Deutsche Telekom oder Parteien wie die Grünen plant und verwirklicht Newtone für besondere Anlässe zudem Musik- und Kulturprogramme. Weitere Schwerpunkte sind die Beratung von Vereinen und Institutionen in kulturellen Angelegenheiten sowie die CD-Produktion von der Studioaufnahme bis zum Endprodukt.

Bevor Tom Musikmanager wurde, hat er an der Fernuniversität Hagen einen Aufbaustudiengang Kulturmanagement absolviert. Neben Musikseminaren gehörten dort auch betriebswirtschaftliche Kurse zum Pflichtprogramm. Und wie sieht es mit juristischen Kenntnissen aus – Stichwort Vertragsverhandlungen? „Ich brauchte hier vor dem Schritt in die Selbstständigkeit keine größeren Vorkenntnisse. Die meisten Abmachungen werden bei uns in einfacher schriftlicher Form getroffen. Und bei größeren Projekten ziehen wir einen Fachanwalt hinzu."

Oder Sie suchen in den Gelben Seiten Ihrer Region nach Tonträgerfirmen, Musikverlagen, Agenturen für Musikmanagement oder Konzert- bzw. Tourneeveranstalter und fragen dort nach offenen Stellen.

Marktbeobachtungen

Die Verdienstmöglichkeiten von Musikmanagern hängen davon ab, wie der Vertrag aussieht, den man mit dem zu betreuenden Künstler abgeschlossen hat, also wie viel Prozent vom Umsatz als Managerhonorar vereinbart wurden. In Deutschland sind 15 bis 25 Prozent üblich (zum Vergleich: in den USA bis zu 50 Prozent!). Als Umsatzgrundlage können dabei unterschiedliche Größen vereinbart werden: etwa die Beteiligung an Plattenverkäufen, Auftritten, Werbeverträgen oder Merchandising-Produkten.

Wer sich als Musikmanager selbstständig machen will, braucht für Anfangsinvestitionen übrigens zunächst nicht allzu viel Kapital: Ein Arbeitsraum mit bürotechnischer Grundausstattung, eine gute Musikanlage sowie ein ebensolcher Videorecorder (zum Abspielen von Demostücken und -videos) sowie ein Handy reichen aus. Für die ersten Jahre allerdings ist ein gutes finanzielles Polster wichtig, denn in dieser Branche ist ein guter Ruf nötig, der erst einmal aufgebaut sein will oder günstigstenfalls bereits in Form von Kontakten besteht. Außerdem kann es dauern, bis ein Künstler aufgebaut ist – und sich somit „bezahlt" macht.

Weiterführende Informationen

Bundesverband der Veranstaltungswirtschaft e.V., Hamburg, Tel.: 040-460 50 28, *www.idkv.de*

Branchenbrief Musikmanagement der Volksbanken Spar- und Darlehenskassen in Westfalen (*www.volksbank-brilon.de/branchenbriefe/BB145.txt*).

Moser, Rolf/Andreas Scheuermann (Hrsg., sechste Auflage 2003): Handbuch der Musikwirtschaft, Josef Keller Verlag, ca. 1300 Seiten, 108 Euro
→Themen unter anderem: Merchandising, Werbung, Tonträgerindustrie, Konzerte, Charts, Musik-PR, Urheberrecht, Business Affairs. Das Buch erläutert die wichtigsten Vertragstypen des Musikbusinesses anhand von Musterverträgen.

Stark, Jürgen (1999): Die Hitmacher. Die Traumjobs in der Musikindustrie, Econ Verlag, 219 Seiten, 17 Euro

Lyng, Robert (2001): Die Praxis im Musikbusiness, PPV Presse Project Verlag, 452 Seiten, 30 Euro

Eines gibt Tom Interessierten noch auf den Weg: „Die formale Vorbildung, also der Abschluss einer ganz bestimmten Ausbildung, ist nicht so wichtig für den Einstieg. Die besten Startchancen habt ihr, wenn ihr schon ‚in der Szene' seid, also bereits möglichst viele Künstler und Veranstalter kennt. "

→ Newtone Musik- und Kulturmanagement im Internet:

www.newtone.de

Online Redakteur/-in
und Content Manager/-in

Was machen Content-Manager und Online-Redakteure?

Content-Manager (CM) sind zugleich Journalisten und Manager. Welche dieser beiden Kerntätigkeiten dabei überwiegt, ist von Unternehmen zu Unternehmen unterschiedlich. Allgemein jedoch lässt sich sagen: CM recherchieren, planen und verwalten den redaktionellen Teil von Internet- und Intranetangeboten.

Im journalistischen Teil ihrer Arbeit dominieren Aufgaben, wie sie auch in einer typischen tages-, wochen- oder monatsaktuellen Redaktion anfallen würden. Hier recherchieren CM Informationen zu gemeinsam beschlossenen Themen. Dafür greifen sie nicht nur zum Telefonhörer, sondern nutzen auch das Internet, Fachliteratur oder andere Medien. Anschließend selektieren sie das Wichtigste aus der Informationsflut und schreiben ihre Artikel unter Beachtung der journalistischen Handwerksregeln (nicht zu lange Sätze, keine Fachbegriffe, Abwechslung durch Synonyme etc.).

Im verwaltend bzw. managementorientierten Teil ihrer Arbeit beauftragen sie externe Journalisten mit dem Schreiben zu bestimmten Themen und kaufen deren Beiträge ein. Dafür kommunizieren sie mit Außenstehenden, in der Regel freien Mitarbeitern, oder auch – im Falle größerer Unternehmen – mit Content-Zulieferern „aus den eigenen Reihen" (→siehe Praxisbeispiel). Die erworbenen Texte müssen ggf. redigiert bzw. angepasst werden.

Darüber hinaus sind CM auch für die Auswahl der für ein Thema relevanten Fotos, Grafiken, Töne oder Filmsequenzen zuständig und erwerben falls nötig die entsprechenden Nutzungsrechte. Wer sich einmal den zur Illustration eines Nachrichtentextes ins Netz gestellten Videoclip angesehen hat, weiß diesen netzspezifischen Zusatznutzen zu schätzen!

Nicht wegzudenken aus der Arbeit eines CM ist der Umgang mit dem Content-Management-System, das von Betrieb zu Betrieb variiert und das die Manager technisch wie auch gestalterisch unterstützt. Die Websites, für die die CM verantwortlich sind, haben ein festes Format bzw. Layout, in das die Manager dann die eigenen oder fremden Beiträge einfließen lassen.

Die Grenze zwischen Content-Manager und Online-Redakteur verläuft in der Praxis häufig so fließend, dass sich viele Profis regelrecht gegen eine Einsortierung in entsprechende Schubladen verwahren! Tendenziell jedoch lässt sich sagen, dass Online-Redakteure in erster Linie Journalisten sind, die eben für das Web schreiben. Dabei beachten sie ganz eigene stilistische und inhaltliche Regeln, die sie etwa von ihren Kollegen in den Print-Redaktionen unterscheiden. Online-Redakteure formulieren beispielsweise häufig so genannte „Teaser". Diese kurzen, Leseappetit anregenden Texte fassen die „Essentials" eines Beitrages zusammen und enden mit einem Hyperlink auf den eigentlichen Text. Der Zwang zum zeilenmäßig knappen Blickfang ergibt sich aus der Natur des Mediums, die den im Eiltempo klickenden, in der Regel zielstrebig nach ganz bestimmten Informationen suchenden Surfer anzieht.

Ansonsten aber schreibt, redigiert Texte und überlegt der Online-Redakteur sich genauso passende Überschriften wie seine Kollegen in „Offline-Medien". Die Gestaltung seines Beitrags bespricht er entweder mit einem Grafiker, oder es ist ihm durch ein Redaktionssystem mehr oder weniger vorgegeben, wie Grafiken, Fotos und auch Animationen auf der Site zu integrieren sind.

Dabei stehen Online-Redakteure vor der Aufgabe, Themen und Inhalte mit den technischen Möglichkeiten des Internets zu verbinden. Dafür ergänzen sie Texte nicht nur mit Fotos und Grafiken, sondern auch durch Sound, Animationen und Videos. Diese Chance, aufgrund des speziellen Mediums einen Service-Mehrwert zu generieren, unterscheidet Online-Publikationen deutlich von Printmedien – ebenso wie die Interaktivität des Angebots. Chat, E-Mail- und Newsgroup-Kommunikation erlauben dem Leser ein Maß an Involviertheit bzw. Feedback, das kein anderes Medium bieten kann.

Im Vergleich zum Content-Manager ist das Projektmanagement beim Online-Redakteur jedoch unterrepräsentiert: Das Koordinieren von Personen, Teilaufgaben („Welchen Demografieexperten laden wir als Gesprächspartner für unseren Renten-Chat ein?"), Terminen und Kosten ist die Domäne des CM – was aber nicht bedeutet, dass Online-Redakteure mit solchen Aufgaben überhaupt nicht in Berührung kämen. Wie gesagt, die Grenzen sind fließend.

Wie wird man Content-Manager oder Online-Redakteur?

In Stellenanzeigen wird von Content-Managern wie Online-Redakteuren heute meist ein abgeschlossenes Studium ver-

Praxisbeispiel
Michael Steinmetz

Wie kann man, abgesehen von Texten, zusätzlichen Nutzwert für den Surfer erzeugen? Dies ist eine der häufigsten Fragen, die sich Michael Steinmetz, Abteilungsleiter Content-Management bei VR Networld, dem Finanzdienstleister der Volks- und Raiffeisenbanken, in seinem Berufsalltag stellt. „Nehmen wir das Thema Altersvorsorge, das für Finanzdienstleister sicher noch viele Jahre lang ein Schlüsselthema sein wird. Wenn wir uns entscheiden, dazu einen Beitrag für unsere Website zu machen, haben wir verschiedene Möglichkeiten, einen Mehrwert für den Nutzer zu erzeugen. Das kann ein Chattermin mit dem Rentenexperten sein, den wir dann kontaktieren müssten. Das können auch Grafiken sein, etwa Statistiken zur demografischen Entwicklung, denen wir mehr Raum geben könnten als ein Zeitungsredakteur."
Michael Steinmetz schreibt Artikel nicht nur selbst: „Wir sind Teil eines

großen Finanzverbundes mit insgesamt 200.000 Mitarbeitern. Viele der Kollegen aus Ortsbanken und spezialisierten Verbundunternehmen liefern uns Inhalte. Einge schreiben unter anderem regelmäßig für die Rubrik ‚Rat des Experten' auf unserer Website. Daneben beauftragen wir auch externe Agenturen, die uns dann nach klarer Aufgabenstellung Content liefern. Mit all diesen Partnern besprechen wir die redaktionellen Themen und den Umfang ihrer Lieferung – denn ‚Content' meint mehr als Texte und Bilder: Wir binden auch multimediale Anwendungen wie Video- und Audioformate in unsere Site ein. Hinzu kommen interaktive Komponenten, etwa unser ‚Vorsorgerechner', mit dem sich jeder surfende Besucher seinen Rentenbedarf im Alter errechnen kann. "

→ Internet: www.vr-networld.de

langt, dessen Fachrichtung vom Kerngeschäft des suchenden Unternehmens (CM) bzw. von der thematischen Ausrichtung des Medienhauses/Verlages (Online-Redakteur) abhängt. Ein Finanzdienstleister wie das im Praxisbeispiel vorgestellte Unternehmen etwa bevorzugt Absolventen mit Wirtschaftsbezug.

Technische „Skills" sind in Annoncen für beide Berufe gern gesehen. Bei Abweichungen je nach Unternehmen kristallisieren sich hier regelmäßig Wunschprofile heraus, die Kenntnisse der Seitenbeschreibungssprache HTML, der Programmiersprache JavaScript, eines der beiden verbreitetsten Websiteeditoren (GoLive bzw. Dreamweaver) sowie des Grafikprogrammes „Photoshop" umfassen. Im Falle des CM können Erfahrungen mit digitaler Tonbearbeitung sowie der Erstellung von Chatrooms und Newsgroups hinzukommen.

Wie in allen Berufen, die keinen geregelten Zugang haben, sind Praktika oder freie Mitarbeiterschaften für beide Berufseinstiege eine längst nicht mehr nur „gewünschte", sondern vorausgesetzte Qualifikation.

Für beide Berufe gibt es qualifizierende Zertifikatslehrgänge an Wirtschafts- oder Medienakademien. Wer diesen Weg wählen will, sollte sich bei der örtlichen Industrie- und Handelskammer nach entsprechenden Angeboten erkundigen. Es ist jedoch unrealistisch, sich ausschließlich auf ein solches Zertifikat gestützt einen problemlosen Berufseinstieg zu erhoffen. Die für beide Berufe infrage kommenden Arbeitgeber werden ihr Schwerpunktaugenmerk auf Praxiserfahrung, ein abgeschlossenes Studium und technische Kenntnisse legen.

Spezialisierung und Weiterbildung

Ob als Content-Manager bei einer Krankenkasse oder Online-Redakteur mit Schwerpunkten wie Sport, Wirtschaft oder Automobiles: Je nach Kerngeschäft des Unternehmens bzw. thematischer Ausrichtung des Medienhauses/Verlages können sich CM und Online-Redakteure auf bestimmte Themengebiete spezialisieren.

Seminare zum Thema Online-Journalismus – die somit auch als Weiterbildung für CM genutzt werden können – finden sich regelmäßig auf der Website des Deutschen Journalisten Verbandes DJV (*www.djv.de* → Link „Bildung"). Auf der Website *www.journalismus.com* (Link „Seminar-Kalender") finden sich ebenfalls entsprechende Angebote sowie weiterführende Links zu anderen Weiterbildungsträgern (Link „Fortbildung").

Man muss aber nicht unbedingt nach Kursen Ausschau halten, die „Online-Journalismus", „Content-Management" oder „Internet" explizit im Titel tragen. Alle Seminare öffentlicher oder privater Träger, die eine der in diesen Berufen gefragten Fähigkeiten vermitteln, stellen Weiterbildungsmöglichkeiten dar: Das kann der Volkshochschulkurs, der sich über ein Semester ausschließlich mit „Photoshop" befasst, genauso sein wie die Schreibwerkstatt im Gewerkschaftshaus!

Stellensuche

Stellen für CM und Online-Redakteure finden sich regelmäßig in der Zeitschrift „arbeitsmarkt Bildung Kultur Sozialwesen" des Wissenschaftsladens Bonn (*www.wilabonn.de*). Übrigens wertet die Zeitschrift mit der Wochenzeitung „Die Zeit" und dem Monatsmagazin „Der Journalist" zwei der wichtigsten „Primärquellen" von Announcen für diesen Beruf aus.

Im Internet gibt es drei Fundgruben: Altavista (*www.altavista.de*), den Stellen-Informations-Service (SIS) des Arbeitsamtes unter *www.arbeitsamt.de* sowie die Site Newsroom (*www.newsroom.de*), die in ihren Anzeigen explizit die Rubriken „Online-Redakteur" und „Content-Manager" bietet.

Marktbeobachtungen

Bei beiden Berufen handelt es sich um Traumberufe von vielen. Durch die große Zahl an Interessenten, die dies mit sich bringt, haben Arbeitgeber die Wahl. Das bedeutet, dass man sich ohne Praxiserfahrung und Studium nahezu chancenlos bewirbt.

CM und Online-Redakteure starten mit Gehältern von ca. 30.000 Euro im Jahr. In beiden Berufen ist ständige Weiterbildung Pflicht, denn die neueste Version von Software, die für die Gestaltung ansprechender Websites gebraucht wird, ist garantiert schon im Entstehen begriffen.

Weiterführende Informationen

Deutscher Journalisten Verband, *www.djv.de*

www.journalismus.com

Was machen Produzenten?

Der Produzent bzw. „Producer" ist die treibende Kraft hinter Film- und Fernsehprojekten. Als Kreativer sucht er ständig nach marktfähigen Stoffen und Konzeptionen für Produktionen. Für diese engagiert er Autoren und liest sowie beurteilt deren Drehbücher. Zusammen mit dem Regisseur (vgl. S. 78) und dem Produktionsleiter erstellt er dann einen Drehplan, wofür auch dramaturgische Fähigkeiten nötig sind. Genauso eng arbeiten Produzenten mit ihren Kunden zusammen, also den TV-Anstalten, vertreten durch deren Redakteure.

Als guter Psychologe managt er die Eigenheiten seiner Crew, insbesondere jene von Darstellern und Regie. Versteckte Ängste und Unsicherheiten, latente Animositäten in den je nach Produktion bis zu 100 Mitarbeitern umfassenden Teams – all diese sozialen Faktoren steuert er behutsam und vermittelt bei Bedarf.

Als Organisator und kühler Rechner schließlich sichert er Rechte, kalkuliert das Budget und vermarktet den fertigen Film. Produzenten sind für die Finanzierung von Film- und Fernsehproduktionen verantwortlich. Zwar bekommen sie dafür zunehmend die Unterstützung von Verleihern, da diese damit Verwertungsrechte erwerben. Letztlich tragen sie jedoch das unternehmerische Risiko.

Wichtige Eckpunkte für die Kalkulation entsprechender Projekte sind die Besetzung („cast"), die Frage, ob an Originalmotiven („on location") oder im Studio gedreht wird, sowie der Aufwand der Ausstattung. Produzenten sind, dies ließe sich bilanzieren, eine wichtige verbindende, lenkende und gestaltende Kraft am Set – im Hinblick auf die Finanzierung sogar die wichtigste. Feingefühl und psychologische Fähigkeiten zur Führung auch großer Teams sowie die Bereitschaft, schnelle und richtige Entscheidungen zu treffen, sind Minimalvoraussetzungen für den Berufserfolg.

Wie wird man Produzent?

In aller Regel verfügen Producer über ein abgeschlossenes Hochschulstudium. Mehrjährige Berufserfahrung in der Film- und Fernsehproduktion sind allerdings dringend nötig, um bei einem TV-Sender oder einer Produktionsfirma zum Producer befördert oder gar selbstständiger Produzent zu werden. Wie bei den meisten Medienberufen läuft ohne ein langjähriges „Learning by Doing", in diesem Falle über die Stationen Regie oder Aufnahmeleitung, wenig.

Einige Filmhochschulen bieten Studiengänge, manche Universitäten Aufbaustudiengänge „Produktion" an. Dazu gehören etwa die Universität Hamburg, die Hochschulen für Film und Fernsehen in München sowie in Potsdam-Babelsberg sowie die Kunsthochschulen Köln und Kassel. Eine komplette Übersicht mit Adressen und Webseiten findet sich unter *www.regie.de/adressen/search.php? Class=4.*

Spezialisierung und Weiterbildung

Einige Schulen, Institute und Akademien bieten Weiterbildungen für Interesierte an. Entsprechende Listen stehen unter *www.regie.de/adressen/search.php? Class=4* sowie unter *www.aim-mia.de /awdb.php?op=SearchKeyword&such begriff=Produzent*.

Stellensuche

Für die Stellensuche empfehlen sich Initiativbewerbungen bei Fernsehanstalten sowie Film- und Fernsehprduktionsgesellschaften.

Marktbeobachtungen

Es klang eingangs bereits an: Produzenten müssen Multitalente sein. Sie brauchen Kreativität ebenso wie buchhalterische, Akquise- und Marketingkenntnisse. Und nicht zuletzt benötigen sie Einfühlungsvermögen, um ihr Team aus Künstlern und anderen Mitarbeitern zu motivieren. Wer über eine dieser Fähigkeiten nicht verfügt, sollte die jeweilige Position anderwertig vergeben.

Der Wettbewerb auf dem Fernsehmarkt ist heute deutlich härter als etwa noch vor zwanzig Jahren, eine Tendenz, die sich wohl fortsetzen wird.

Insbeosndere private Sender fordern vermehrt, dass ihre Formate visuell spektakulär scheinen. Das bedeutet für Produzent, die sich am Markt behaupten wollen, dass sie über ein größeres finanzielles Polster verfügen müssen, als das früher der Fall war.

Auf mittelfristige Sicht wird dies dazu führen, dass sich kleine und mittlere Produktionsfirmen an größere „anlehnen" werden. Daher wird es für diese Unternehmen immer wichtiger, die Rechte an produziertem Programm zu behalten. Das wird in Zukunft etwas leichter, da die Film- und Fernsehförderer dies mit in ihre Regeln aufgenommen haben. Experten empfehlen, dass die Rechte zehn bis zwölf Jahre beim Sender verbleiben sollten, um dann an den Produzenten zurückzufallen.

Das Geld, welches ein Produzent damit verdienen kann, benötigt er künftig dringend für die Entwicklung neuer Konzepte und Programme.

Weiterführende Informationen

Bundesverband Deutscher Fernsehproduzenten e.V., *www.tvproduzenten.de*

Bundesverband Deutscher Film- und AV-Produzenten e.V., Tel.: 0611-7 78 91 37

Bundesverband Produktion e.V., *www.bv-produktion.de*

Verband Deutscher Werbefilmproduzenten e.V., *www.werbefilmproduzenten.de*

Geißendörfer, Hans W./Alexander Leschinsky (Hrsg., 2002): Handbuch Fernsehproduktion. Vom Skript über die Produktion bis zur Vermarktung, Luchterhand Verlag, 361 Seiten, 78 Euro

Redakteur/Redakteurin
(Print, Radio, TV)

Was machen Redakteure?

Redakteure wählen aus dem, was die Umwelt an Informationen, Meinungen und Unterhaltendem zu bieten hat, das aus, was ihren jeweiligen Leser-, Zuhörer- oder Zuschauerkreis interessiert. Dies vermitteln sie dann über Wort, Bild oder Ton bzw. in einer Kombination dieser Darstellungsmöglichkeiten.

Als Quellen nutzen sie Nachrichtenagenturen, Pressekonferenzen, Informanten, Datenbanken oder Archive. Redakteure arbeiten vor allem in journalistischen Fachressorts. Dazu gehören beispielsweise Politik, Wirtschaft, Sport und Kultur. Special Interest-Zeitschriften bzw. -sendeformate bedienen kleinere Zielgruppen. Sie berichten über Themen wie Haustiere, Hobbys, Technik, Kulinarisches und Mode.

Redakteure arbeiten fest angestellt für
→Tages-, Wochen- oder Sonntagszeitungen, Kundenzeitschriften, Anzeigenblätter, Magazine (Printmedien),
→Hörfunk und Fernsehen in öffentlich-rechtlicher oder privatrechtlicher Trägerschaft sowie Online-Medien (elektronische Medien) oder aber bei
→Nachrichtenagenturen bzw. Pressediensten.

Während die eingangs beschriebenen allgemeinen Tätigkeiten für Redakteure bei Print, Radio und TV gelten, kennzeichnet die Arbeit bei Hörfunk und Fernsehen einige Besonderheiten.

Ob es sich um „Spiegel-TV", „Explosiv" oder das Frühstücksradio handelt: Bei diesen Medien erstellen Redakteure Sende-Ablaufpläne mit Themen, Autoren, der Länge und Reihenfolge von Beiträgen, Interviews und Moderationen. Die Redakteure der Privatsender arbeiten häufig zudem noch selbst als Reporter vor Ort. Auch die Rollen von Moderator und Redakteur lassen sich bei den elektronischen Medien nicht immer trennen: Oft schreiben diese nicht nur Texte für Ansagen oder Kommentare, sondern präsentieren sie anschließend selbst „on air" oder auf dem Bildschirm.

Im Printbereich gehört neben dem Verfassen eigener Artikel ein weiterer Schwerpunkt zu den Aufgaben der Redakteure: das Redigieren fremder Beiträge, ob diese nun von freien Mitarbeitern, Korrespondenten oder Agenturen stammen. Redigieren bedeutet: kritisch gegenlesen, eventuell berichtigen, ergänzen oder kürzen. Für die Illustration eines Textes wählen sie Photos, Grafiken oder Cartoons aus. Oft photographieren sie aber auch selbst oder bekommen die Aufnahmen von den „Freien" mitgeliefert.

Das Layout, also die Gestaltung eines Blattes nach textlichen und optischen Kriterien, erfolgt heute bei Zeitungen und Zeitschriften in der Regel per Computer. Für Redakteure bedeutet das eine zusätzliche technische Herausforderung: Schreiben und Produzieren gehen oft Hand in Hand.

Für Radioredakteure ist die Fähigkeit, „mit den Ohren zu denken", immens wichtig. Diese Spezialisten legen sich im Kopf sozusagen akustische Drehbücher zurecht. Das setzt zum einen klangliches Vorstellungsvermögen voraus. Zum anderen eine eingängige Sprache, die die richtige

Mischung aus Verweilen, Kürze und moderater bis dichter Informationsdosierung trifft. Schließlich stellt das Maß aller Dinge in diesem journalistischen Genre nicht die Zeile, sondern die Sendeminute dar.

Die Technik des Radiomachens liegt heute in vielen Fällen ebenfalls direkt in den Händen der Radiojournalisten: Sie bedienen mobile Aufnahmegeräte vor Ort (praktisch und häufig verwendet sind mittlerweile Minidisc-Geräte). Außerdem schneiden sie selber digital oder analog und „fahren" die Sendungen im Studio. Die Arbeit am Computer ist selbstverständlich, und dies nicht nur zum Schreiben, sondern auch zum digitalen Schneiden.

Wie wird man Redakteur?

Volontariat

Den verbreitetsten Weg in den Journalisms stellt das Volontariat dar. Verlagshäuser und Sendeanstalten verlangen als Voraussetzung für diese zweijährige Ausbildung zum Redakteur heutzutage in den meisten Fällen ein abgeschlossenes Hochschulstudium und Praxiserfahrung.

Zwar adressieren einige potenzielle Arbeitgeber ihre Ausschreibungen angesichts einer Flut von Bewerbungen aus dem geistes- und sozialwissenschaftlichen Bereich oder dem für ihr Themengebiet nötigen Spezialwissen vorzugsweise an Wirtschafts- oder Rechtswissenschaftler. In den meisten Fällen gibt es aber keine konkrete Vorgabe bezüglich des Studienfaches.

Eine Ausnahme hiervon bilden thematisch spezialisierte Printmedien oder TV-Formate: Die medizinische Fachzeitschrift, das Vierteljahresblatt über Hochtechnologie oder die Ratgebersendung zu Rechtsfragen bevorzugen Absolventen einschlägiger Fachstudiengänge.

Bei lokalen Zeitungen oder Sendeformaten ist Ortsnähe ein klarer Pluspunkt für Volontariatsbewerber: Solche Kandidaten bringen die hier für journalistische Arbeit besonders wichtigen Kenntnisse von Land und Leuten mit.

Studium

Die Vielzahl möglicher Studiengänge sollte man in zwei Kategorien unterteilen: Publizistik, Kommunikations- oder Medienwissenschaften stellen Fächer dar, die in erster Linie journalistisch vor-, nicht jedoch ausbilden. Dies entspricht auch nicht ihrem Anspruch. Ziel dieser Angebote ist es, angehenden Journalisten eine breite Wissensbasis zur Reflexion über die Rolle ihres Berufes in der Gesellschaft mit auf den Weg zu geben. Die berufspraktische Ausbildung übernimmt dann das Volontariat.

Typische Fragen (und damit: Lehr- bzw. Forschungsschwerpunkte) dieser Studiengänge sind beispielsweise:
→ Wie beeinflussen ökonomische Zwänge die journalistische Objektivität?
→ Welche ethischen Überlegungen sollten Journalisten bei ihrer Arbeit berücksichtigen?
→ Wie wirken Medien?

An den meisten entsprechenden Instituten ist die Vermittlung von Praxiswissen daher auch fast ausschließlich eine Angelegenheit externer Honorardozenten aus Presse und Rundfunk („Rundfunk" ist der Sammelbegriff für Hörfunk, also Radio, und Fernsehen).

Die zweite Möglichkeit, Journalismus zu studieren, stellen Journalistik-Studiengänge dar. In dieser Variante verlangen die Hochschulen häufig den Nachweis bereits vor Studienbeginn absolvierter Praktika oder führen Eignungstests durch.

Die Journalistik-Lehrpläne sind stark praxisorientiert. So integriert etwa der Dortmunder Studiengang Hochschulstudium und Volontariat zu einer einheitlichen Ausbildung. Auch Pflichtpraktika und Übungen beispielsweise zur Recherche oder zu den journalistischen Darstellungsformen haben in der Journalistik einen festen Platz.

Journalistik kann man an den Universitäten Dortmund, Leipzig und München sowie an der Katholischen Universität Eichstätt studieren.

Journalistenschulen

Die insgesamt acht Journalistenschulen in der Bundesrepublik bieten neben einer ebenfalls stark praxisorientierten Ausbildung den Abschluss als Redakteur im ersten Berufsjahr. Die Schüler erreichen diesen nach 15 bis 24 Monaten – je nach Institution.

Da die Zahl der Bewerbungen die vorhandenen Plätze um ein Vielfaches übersteigt, veranstalten alle Journalistenschulen Aufnahmeprüfungen. Dabei kann es sich um das Einreichen einer schriftlichen Reportage handeln (z.B. Deutsche Journalistenschule) oder aber um ein mehrstufiges Auswahlverfahren wie im Falle der Henri-Nannen-Schule.

Folgende Journalistenschulen gibt es in Deutschland: Deutsche Journalistenschule (München), Berliner Journalistenschule, Evangelische Journalistenschule (Berlin), Henri-Nannen-Schule (Hamburg), Georg-von-Holtzbrink-Schule für Wirtschaftsjournalisten (Düsseldorf), Burda-Journalistenschule (München), Journalistenschule Axel Springer (Berlin und Hamburg) sowie Journalistenschule Ruhr (Essen).

Einen ausführlichen Überblick über alle Ausbildungsmöglichkeiten, Voraussetzungen, Inhalte und Adressen liefert der Ratgeber „Einführung in den praktischen Journalismus" von Walther von La Roche.

Spezialisierung und Weiterbildung

Über Spezialisierungs- und Fortbildungsmöglichkeiten informiert die Datenbank KURS des Arbeitsamtes unter *www.arbeitsamt.de/cgi-bin/aoWebCGI? kurs_sys&INDEX0=C++8902.*

Stellensuche

Stellen für Print-, TV- und Radioredakteure finden sich regelmäßig in der Zeitschrift „arbeitsmarkt Bildung Kultur Sozialwesen" des Wissenschaftsladens Bonn (*www.wilabonn.de*). Übrigens wertet die Zeitschrift mit der Wochenzeitung „Die Zeit" und dem Monatsmagazin „Der Journalist" zwei der wichtigsten „Primärquellen" von Annoncen für diese Berufe aus.

Im Internet gibt es zwei Fundgruben: den Stellen-Informations-Service (SIS) des Arbeitsamtes unter www.arbeitsamt.de sowie die Site Newsroom (*www.newsroom.de*).

Marktbeobachtungen

In der Praxis schränken ökonomische Zwänge das Ideal eines kritisch-objektiven Journalismus häufig ein. Zu erwähnen ist hier vor allem der Personalabbau in vielen Redaktionen. Wo Medienunternehmen nicht streichen, sondern auslagern („Outsourcing"), entstehen aber auch neue Chancen: Stelleneinsparungen bis hinein ins Lokale bedeuten für Freelancer, also freie Journalisten, Aufträge und Einnahmen. Rund 18.000 „Freie" arbeiten im deutschsprachigen Raum zurzeit auf eigene Rechnung.

Für die verbliebenen fest angestellten Redakteure bedeutet die personelle Ausdünnung oft, aufwendige Recherchen und die kreative Umsetzung der gewonnenen Informationen aus Zeitmangel nach außen zu vergeben.

Eine weitere, wiederum aus Ressourcennot geborene Folge ist der zunehmende Abdruck nicht oder wenig hinterfragter PR-Meldungen. Da Pressemitteilungen aufgrund der rasant angestiegenen Professionalisierung der Public-Relations-Branche immer besser aufbereitet sind, ist die Versuchung groß, die zeitsparenden „Blattfüller" aufzunehmen.

Der Arbeitsmarkt von Journalisten und ihre künftigen Berufschancen hängen unmittelbar von der jeweiligen wirtschaftlichen und medienpolitischen Entwicklung ab. Langfristige Aussagen über Perspektiven sind daher nicht möglich.

Nachstehend finden sich die Gehälter für Volontäre bei Zeitungen und Zeitschriften. Die entsprechenden Einkommen bei Fernsehen und Hörfunk variieren, weichen allerdings nicht in größerem Umfang von den Verdienstmöglichkeiten bei den Printmedien ab.

➔ Zeitungen:
1. Jahr, dabei nach vollendetem 22. Lebensjahr: 1.625 Euro
1. Jahr, dabei vor vollendetem 22. Lebensjahr: 1.465 Euro
2. Jahr: einheitlich 1.883 Euro

➔ Zeitschriften:
1. Jahr, dabei nach vollendetem 22. Lebensjahr: 1.626 Euro
1. Jahr, dabei vor vollendetem 22. Lebensjahr: 1.277 Euro
(ab Januar 2004: 1.642 bzw. 1.290 Euro)

2. Jahr, dabei nach vollendetem 22. Lebensjahr: 1.840 Euro
2. Jahr, dabei vor vollendetem 22. Lebensjahr: 1.488 Euro
(ab Januar 2004: 1.858 bzw. 1.503 Euro)

Weiterführende Informationen

Für angehende Print-, Radio- und Fernsehredakteure: Von La Roche, Walther (15., völlig neu bearbeitete Auflage 2003): Einführung in den praktischen Journalismus. Mit genauer Beschreibung aller Ausbildungswege in Deutschland, Österreich und der Schweiz, München/Leipzig: List, 292 Seiten, 17,90 Euro

Für angehende Radioredakteure: Von La Roche, Walther/Axel Buchholz (Hrsg., 7., völlig neu bearbeitete Auflage 2000): Radio-Journalismus. Ein Handbuch für Ausbildung und Praxis im Hörfunk, München/Leipzig: List, 435 Seiten, 23 Euro

Für angehende Fernsehredakteure: Schult, Gerhard/Axel Buchholz (Hrsg., 6., aktualisierte Auflage 2000): Fernseh-Journalismus. Ein Handbuch für Ausbildung und Praxis, München/Leipzig: List, 487 Seiten, 26 Euro

Für freie Journalisten: Flöper, Berthold L./ Lothar Hausmann (Hrsg., 1998): Freie Journalisten. Der Ratgeber für Einsteiger und Profis, Salzburg: Oberauer, 264 Seiten, 15,29 Euro

Deutscher Journalisten Verband, *www.djv.de*

Regisseur und Regieassistent
Regisseurin und Regieassistentin

Was machen Regisseure bzw. Regieassistenten?

„Einstellung 114: Kamera erfasst das Etikett einer Flasche Rotwein. Die Kamera fährt zurück und zeigt den Frühstückstisch." Daneben eine grobe Skizze von Tisch und Getränk – und fertig ist ein typischer Eintrag im Regiebuch, in dem Regisseure, häufig aber auch Regieassistenten alle für eine Bühnenaufführung oder einen Filmdreh bedeutsamen Daten notieren. Dazu gehören etwa die Positionen von Darstellern und Gegenständen, Änderungen oder Streichungen an einem Originaltext, Auftritte und Abgänge, aber auch Hinweise zum Einsatz von Scheinwerfern in den einzelnen Szenen eines Theaterstückes oder Fernsehspieles.

Als „roter Faden" einer Inszenierung steht das Regiebuch beispielhaft für die Hauptaufgabe von Regisseuren, unabhängig davon, ob diese nun am Theater, an der Oper oder beim Fernsehen beschäftigt sind: Sie gestalten zusammen mit Schauspielern und technischem Personal die einzelnen Szenen eines Stückes, bis diese ein stimmiges, vorführbares Gesamtkonzept ergeben.

Nicht immer übernehmen sie dabei die Texte, die einem Werk zugrunde liegen, im Original. Falls einzelne Passagen nicht zu ihren eigenen Umsetzungsideen passen, verändern sie sie entsprechend. Spätestens mit dem Einsatz der verschiedenen filmischen, dramaturgischen und elektronischen Gestaltungsmöglichkeiten erhält jede Aufführung die ganz individuelle Prägung eines Regisseurs. Somit sind diese Spezialisten nicht einfach nachschaffende Interpreten, sondern kreative Schöpfer von Originalen.

Wenn der Regisseur „seine" Auslegung und Präsentation des Werkes gefunden hat, stellt er ein Ensemble von Schauspielern bzw. Sängern zusammen, das die Rollen glaubhaft verkörpert. Erst jetzt beginnen die Proben. Gemeinsam mit den Darstellern erarbeitet der Regisseur die zentralen Aussagen bzw. Hintergründe des Textes heraus. Er lotet das Potenzial jedes einzelnen Schauspielers aus und fördert es individuell. Nicht umsonst hört man von Schauspielern oft den Satz: „Dieser Regisseur hat das alles aus mir herausgeholt."

Parallel zu den Proben beginnt das künstlerisch-technische Personal mit der Vorbereitung der Premiere. Das ist die Stunde der Maskenbildner, Kostümnäher, Lichtspezialisten und Bühnenbildner. Mit allen diesen Mitarbeitern pflegt der Regisseur einen engen Kontakt, damit sich im Laufe der folgenden Wochen ein harmonisches Gesamtbild des Stückes entwickelt. Im Musiktheater kann sich dieses Team noch um den Dirigenten, den Chorleiter, den Repetitor und den Ballettmeister erweitern.

Nach der Premiere endet in der Regel auch die Arbeit des Regisseurs. Die Aufführungen, die nun noch folgen, überwacht ein Abendspielleiter.

Im Bereich Film und Fernsehen haben Regisseure noch einige von der Theaterarbeit abweichende Aufgaben. Sie entwickeln abhängig vom jeweiligen Finanzierungsrahmen und in enger Zusammenarbeit mit der Produktionsleitung und der Technik (Kamera) die Ausstattung einer Produktion. Außerdem besichtigen sowie wählen Film- und Fernsehregisseure die passenden Drehorte aus. In der Postproduktionsphase steuern und überwachen diese Regisseure die Arbeit der Film- und Videoeditoren (vgl. S. 26), die die einzelnen Szenen zum fertigen Film montieren.

Regieassistenten unterstützen den Regisseur bei seiner Arbeit. Oft führen sie das eingangs beschriebene Regiebuch.

Außerdem erstellen sie in Absprache mit dem Regisseur den Probenplan, wofür sie sowohl die künstlerischen als auch die räumlichen und personellen Ressourcen des Theaters oder der Film- bzw. Fernsehproduktionsfirma berücksichtigen müssen.

Darüber hinaus betreuen sie Gastdarsteller, arbeiten diese ein und überwachen die abendlichen Repertoirevorstellungen in künstlerischer Hinsicht.

Wie wird man Regisseur bzw. Regieassistent?

Zum Berufsziel Regisseur führen zwei ganz verschiedene Ausbildungswege. Da gibt es einerseits die Möglichkeit eines etwa drei- bis vierjährigen Studiums an verschiedenen Hochschulen mit der Fachrichtung „Regie". Nachstehend findet sich die Liste der einschlägigen Institutionen im Bundesgebiet:
→Hochschule für Schauspielkunst „Ernst Busch", Berlin, *www.hfs-berlin.de*
→Hochschule für Musik „Hans Eisler", Berlin, *www.hfm-berlin.de*
→Athanor Akademie für darstellende Kunst, Burghausen, *www.athanor.de*
→Folkwang-Hochschule, Essen, *www.folkwang-hochschule.de*
→Hochschule für Musik und darstellende Künste, Frankfurt/Main, *www.hfmdk-frankfurt.de*

Praxisbeispiel
Patrick Wildermann

Fast hätte es geklappt. Als Patrick Wildermann einmal ein originalgetreues Dixi-Klohäuschen auf der Bühne einsetzen wollte, stieß er beim Hersteller auf offene Ohren. „Wir brauchten für das Stück ‚Der Architekt und der Kaiser von Assyrien' etwas, das eine Hütte darstellt. Da wäre ein Exemplar der bekannten mobilen Toiletten optimal gewesen. Die Firma lieferte uns auch tatsächlich eines, das wir allerdings nicht durch das Treppenhaus bugsiert bekamen. Wir haben uns dann stattdessen für ein Zelt entschieden."

Patrick arbeitet seit vier Jahren als freier Regisseur in Münster, konkret: in der Theatergruppe „Loco Mosquito". Während seines Magisterstudiums (Politik, Germanistik, Publizistik) gehörte seine Begeisterung zunächst dem Film. „Irgendwann hat mich dann aber das traditionellere Medium ‚Theater' gepackt. Ich habe dann zunächst alle bekannteren Bühnen abgeklappert und mir Produktionen angesehen. Aber schließlich wollte ich mir den Theater-

betrieb auch einmal von innen an-
sehen und habe eine sechswöchige
Regieassistenz am Wolfgang-Borchert-
Theater in Münster absolviert. "

Im Rahmen dieser Assistenz arbeitete
Patrick als eine Art Schnittstelle für
alle an einer Produktion Beteiligten.
Schwerpunktmäßig sorgte er für den
reibungslosen Ablauf der Proben und
der Kommunikation zwischen den Thea-
terbereichen. „Man muss eine gute
Arbeitsatmosphäre schaffen, auch die
Terminwünsche des Regisseurs abstim-
men – mit der technischen Leitung,
dem Bühnenbildner, der Kostümbild-
nerin. Und wenn dem Regisseur abends
einfällt, dass er am nächsten Morgen
lieber Szene 5 statt Szene 3 proben
will, macht man das eben möglich
und koordiniert die Schauspieler entsprechend. "

1999 führte Patrick in der Gruppe
„Loco Mosquito" seine erste eigene
Regie. Seitdem weiß er, worauf es bei
der Umsetzung eines Stückes ankommt:
„Das Wichtigste ist, einen Zugang zum
Text zu finden und diesen visuell zu

→ Universität Hamburg,
www.uni-hamburg.de
→ Hochschule für Musik und Theater, Ham-
burg, *www.musikhochschule-hamburg.de*
→ Hochschule für Musik, München,
www.musikhochschule-muenchen.de
→ Bayerische Theaterakademie, München,
www.bayerische-theaterakademie.de
→ Otto-Falckenberg-Schule, München,
Tel.: 0 89/2 33-3 70 82
→ Hochschule für Film und Fernsehen
„Konrad Wolf", Potsdam-Babelsberg,
www.hff-potsdam.de

Die Aufnahmebedingungen der jeweiligen
Ausbildungsinstitute sind unterschiedlich.
In der Regel entscheidet eine Aufnahmeprüfung über die Vergabe der Plätze. Bei
diesen Tests versucht man herauszufinden,
welche konzeptionellen Fähigkeiten ein Bewerber mitbringt, aus welcher Motivation
heraus er den Beruf ergreifen möchte und
welche Kenntnisse er über das heutige
Theater bzw. den Gegenwartsfilm besitzt.

Die Alternative zum Hochschulstudium
ist eine praktische Ausbildung an einer
Bühne oder Film- und Fernsehanstalt, die
nach unterschiedlicher Dauer ohne Prüfung in die Berufstätigkeit mündet.

Unabhängig davon, welchen Ausbil-
dungsweg ein Interessent wählt, ist die
erste Stufe in der Praxis in den allermeis-
ten Fällen die Regieassistenz. Zu welchem
Zeitpunkt der Regieassistent zum Regisseur aufsteigt, ist nicht vorhersagbar.
Meist dauert es mehrere Jahre, ehe man
ihm die erste eigene Regie anvertraut.

Spezialisierung und Weiterbildung

Über Weiterbildungsmöglichkeiten informiert die Datenbank KURS des Arbeitsamtes unter nachstehenden Links: Regisseur: *http://berufenet.arbeitsamt.de/bnet2/R/B8322 100 weiterb_t.html* Regieassistent: *http://berufenet.arbeitsamt.de/bnet2/R/B83221 02weiterb_t.html*.

Stellensuche

Stellensuchende sollten sich bei der Zentralen Bühnen-, Fernseh- und Filmvermittlung (ZBF) in Frankfurt nach Vakanzen erkundigen. Die ZBF ist die größte deutsche Vermittlungsagentur für Angehörige künstlerischer und technischer Berufe in Schauspiel, Musiktheater, Film und Fernsehen (Internet: *http://195.185.214.164/zbf/*).

Im Internet hilft oft der Blick in SIS, den Stellen-Informations-Service des Arbeitsamtes, unter *www.arbeitsamt.de*.

Klein und fein sind die Jobbörsen unter *www.kulturmanagement.de* und *www.buehnenverein.de*, die alle Theaterberufe abdecken.

Oder Sie suchen in den Gelben Seiten Ihrer Region nach öffentlichen oder privaten Theatern, Freilichtbühnen, Synchron- und Filmstudios oder Fernsehanstalten und fragen dort nach offenen Stellen.

Marktbeobachtungen

Fernseh- und Filmregisseure sind gegenwärtig fast ausschließlich freischaffend oder auf Produktionsdauer beschäftigt. Viele freie Filmregisseure sind derzeit in erster Linie für das Fernsehen und erst in zweiter Linie für die Filmwirtschaft tätig. Sofern sie nicht Selbsthilfevereinigungen angehören ist ihre – oft vertragslose, zumindest selten tarifvertraglich geregelte Abhängigkeit von den Produktionsgesellschaften groß.

übersetzen, ihn sozusagen in Bühnenbildern zu denken. Idealerweise kommen einem schon beim Lesen gestalterische Ideen, die man gedanklich sofort mit den vorhandenen Ressourcen abgleicht."

→ *Loco Mosquito im Internet:*
www.muenster.org/loco/index.htm

Die Gehälter der Film- und Fernsehregisseure sind gemäß Gagentarifvertrag für Film- und Fernsehschaffende vom 6. April 2000 tarifvertraglich nicht festgelegt, sondern frei vereinbar.

Auch bei Theaterregisseuren ist eine große Fluktuation festzustellen. Vor allem große Bühnen pflegen für fast jede neue Inszenierung einen anderen Gastregisseur zu verpflichten.

Das Einstiegsgehalt für Bühnenregisseure beträgt seit dem 1. Januar 2003 1.550 Euro Mindestgage (vorher: 1.280 Euro). Der Rest ist Verhandlungssache. Bei den Gehaltsgesprächen spielt neben dem Verhandlungsgeschick des Einzelnen auch der finanzielle Spielraum des Theaters eine Rolle.

Weiterführende Informationen

www.regie.de: Hier finden sich unter anderem Adressen, Infos zum Themen wie „Drehen in der BRD", „Produktionsplan" und zum Berufsbild sowie ein Communitybereich für den Austausch mit anderen Regiebegeisterten.

Requisiteur
Requisiteurin

Was machen Requisiteure?

Wenn sie gute Arbeit geleistet haben, dann wirkt ein Bühnenstück oder eine TV-Produktion „echt": Requisiteure stellen alle beweglichen Utensilien bereit, die eine im Drehbuch angelegte Situation verlangt. Das kann die Schnupftabakdose für das bürgerliche Zimmer ebenso sein wie das Kruzifix für das mittelalterliche Burgszenario. Sie richten auch epochentypische Mahlzeiten her oder beschaffen künstliche Flaschen für die Saloon-Prügelei.

Requisiteure beziehen Ausstattungsgegenstände aus unterschiedlichsten Quellen: aus dem eigenen Magazin, von Requisitenverleihern, aus Antiquitätenläden oder Museen, aus privaten Sammlungen oder von Flohmärkten. Einen Teil der Requisiten stellen sie selbst her, darum ist handwerkliches Geschick in diesem Beruf gefragt. Dies tun sie beispielsweise dann, wenn laut Drehbuch wertvolle Objekte wie die „römische" Vase zu Bruch gehen sollen oder wenn Utensilien laufend verbraucht werden (die Gurkensandwiches der britischen Teegesellschaft).

Besonders Theaterrequisiteure bauen viele Gegenstände nach, da sie dann preiswerter, leichter und teilweise haltbarer sind. Gips, Vinyl, Blech und Pappmaschee sind die bevorzugten Materialien der kreativen Ausstatter.

Requisiteure sind immer auch Projektmanager. Sie müssen die pünktliche Bereitstellung der Requisiten gewährleisten, die Kosten für deren Entleih oder Herstellung überwachen und für den Rücktransport ausgeliehener Objekte sorgen.

Beim Film unterscheidet man zwischen Innen- und Außenrequisite. Der Außenrequisteur beschafft Gegenstände, die am Set nicht vorhanden sind oder nicht selbst hergestellt werden können. Praktisches Beispiel: Sieht eine Filmszene den Verzehr frisch gekochter Pasta durch die Protagonisten vor, schlüpft der Innenrequisiteur in die Rolle des Nudelkochs und bereitet diese zu – vorausgesetzt, eine Kochgelegenheit ist vorhanden. Ist dies nicht der Fall, wird die „Lebensmittelakquise" zur Sache des Außenrequisiteurs, der einen Catering-Service damit beauftragt.

Innenrequisiteure haben neben dem Beschaffen und dem Auf- sowie Abbau der Requisiten auch die Aufgabe, auf die so genannte „Continuity", also die Szenen-Anschlüsse, zu achten. Wenn in einer Einstellung ein Bierglas halb leer ist, darf es in der darauf folgenden eben nicht randvoll gefüllt sein ...

Wie wird man Requisiteur?

Requisiteure brauchen keinen formalen Abschluss, um ihren Beruf auszuüben. Häufigster Einstieg ist der Weg über ein zweijähriges Volontariat in der Requisite eines Theaters, einer Film- oder Fernsehanstalt.

Am Theater besteht die Möglichkeit, nach diesem Volontariat vor einer paritätischen Kommission des Deutschen Bühnenvereins und der Genossenschaft Deutscher Bühnen-Angehöriger eine Prüfung als Requisiteur abzulegen.

Eine Alternative ist die IHK-Weiterbildung zum „Geprüften Requisiteur" (s. „Spezialisierung und Weiterbildung").

Spezialisierung und Weiterbildung

Wer sich bei der Industrie- und Handelskammer für die Weiterbildung zum „Geprüften Requisiteur" anmelden möchte, muss zunächst bereits vorhandene Praxiskenntnisse nachweisen. Unproblematisch sind in diesem Zusammenhang abgeschlossene Ausbildungen in „artverwandten Berufen". Dazu gehören Fachkraft für Veranstaltungstechnik, Raumausstatter, Polsterer, Tischler, Schauwerbegestalter oder Theatermaler. Aber auch ohne ein solches Qualifikationsprofil kann die Zulassung erfolgen – vorausgesetzt, man weist nach, eine für diesen Beruf relevante Vorbildung mitzubringen.

Die Hanseatische Akademie für Marketing und Medien GmbH (*www.hhamm.de*) und die Europäische Medien- und Event-Akademie (*www.event-akademie.de*) bieten darüber hinaus einschlägige Lehrgänge an, die das in der Berufspraxis erworbene Wissen ergänzen.

Über weitere Fortbildungsmöglichkeiten informiert die Datenbank KURS des Arbeitsamtes unter *www.arbeitsamt.de*.

Stellensuche

Laut Deutschem Bühnenverein gibt es keine Übersicht über freie Ausbildungsplätze für Requisiteure an deutschen Theatern. Das bedeutet, dass sich Interessierte selbst bei der jeweiligen Einrichtung nach Vakanzen erkundigen müssen. Eine Liste aller deutschen Bühnen findet sich unter dem Link „Adressen der Theater und Orchester" auf der Website des Deutschen Bühnenvereins (*www.buehnenverein.de*).

Wer sich beruflich lieber in Richtung Film und Fernsehen orientieren möchte, für den ist das jährlich aktualisierte STAMM-Verzeichnis des Essener STAMM-Verlages eine Fundgrube. Da diese Sammlung aller bundesdeutschen Medienadressen allerdings recht teuer ist, empfiehlt sich alternativ die Suche entsprechender Kontakt-Telefonnummern über die Websites der jeweiligen Sender.

Marktbeobachtungen

Dieser Beruf verlangt ausgeprägte „Soft Skills". Ob auf der Bühne oder am Set: Requisiteure sind ständig unter Menschen. Sie müssen sich auch immer wieder auf ganz neue Kollegen einstellen, da jede Film- oder Fernsehproduktion eine neue Crew zusammenbringt. Das Theater ist in dieser Hinsicht der „ruhigere" Arbeitsplatz, da Verträge hier für eine Spielzeit gelten.

Gerade beim Film bestimmen ungeregelte Arbeitszeiten die Produktionsphasen. 14-Stunden-Tage und durchgearbeitete Wochenenden können dabei durchaus vorkommen.

Grobe Richtwerte für die Verdienstmöglichkeiten sind eine Mindestwochengage von 993 Euro in der Außenrequisite und von 872 Euro in der Innenrequisite.

Weiterführende Informationen

Genossenschaft Deutscher Bühnen-Angehöriger, Hamburg, Tel.: 0 40/44 38 70, *www.buehnengenossenschaft.de*

Deutscher Bühnenverein, Köln, Tel.: 02 21 / 20 81 20, *www.buehnenverein.de*

Schauspieler
Schauspielerin

Was machen Schauspieler?

Ende des letzten Akts, der Vorhang fällt. Ein begeistertes Publikum applaudiert, Bravo-Rufe dringen bis hinter die Bühne. Dort stehen jene, denen sie gelten, in so einem Augenblick tatsächlich auf den „Brettern, die die Welt bedeuten": Die Schauspieler ernten die verdiente Anerkennung für Wochen, oft Monate harter Arbeit an einem einzigen Stück.

Die beginnt, sobald sich der Intendant für die Aufführung eines Stückes entschieden und mit dem Spielleiter die Besetzung festgelegt hat. Bis ein Schauspieler allerdings in die Rolle geschlüpft ist, die ihm zugedacht ist, und sie überzeugend ausfüllt, muss viel Einzel- und Gruppenarbeit ineinander greifen. Die Darsteller lernen die Texte „ihrer" Agnes oder „ihres" Tristans auswendig.

Doch erst die Rollenanalyse im Team, aber auch das Selbststudium etwa von Sekundärliteratur erschließen die Vorlage voll. Dafür unternehmen die Schauspieler einen „Zeitsprung" in das mentalitäts- und sittengeschichtliche Umfeld ihrer Figuren: Wer zum Beispiel eine Rolle spielt, die in der Renaissance angesiedelt ist, muss sich zunächst einmal kundig machen, wie die Menschen damals gelebt und wie sie sich gekleidet haben.

Wenn der Text gelernt und der historische Kontext verinnerlicht ist, geht es zu den täglichen Proben auf die Bühne, bis Sprache, Geste, Mimik und Bewegung „stimmen" – zunächst Szene für Szene, dann kommen die Durchläufe der einzelnen Akte. Die Haupt- bzw. Endproben – und natürlich die Generalprobe – finden schon mit voller Dekoration, mit Kostümen und Masken, in Originalbeleuchtung und mit echten Requisiten (→ s. „Requisiteur", S. 82) statt. Die von allen Beteiligten mit Spannung erwartete Premiere schließt den Produktionsprozess ab.

Wie wird man Schauspieler?

Die Ausbildung von Schauspielern findet an staatlichen, städtischen oder privaten Schauspielschulen oder Kunsthochschulen mit der Fachrichtung „Schauspiel" statt. An den Schauspielschulen wird in der Regel eine abgeschlossene Schulbildung (mittlere Reife oder Hochschulreife) und ein Mindestalter von 18, an manchen Schulen auch 17 Jahren vorausgesetzt.

Die Schauspielschulen bieten einmal im Jahr Vorsprechtermine für die Aufnahmeprüfung an.

Jede Einrichtung hat andere Auswahlkriterien und erwartet ein anderes Vorsprechrepertoire, daher ist es ratsam, sich mit den Schulen selbst wegen Terminen und Informationen in Verbindung zu setzen.

Eine Liste der wichtigsten deutschen Schauspielschulen können Sie unter dem Link „Kontaktadressen" auf der Website des Interessenverbandes Deutscher Schauspieler e.V. (IDS e.V., Internet: *www.ids-ev.de*) finden.

In Deutschland liegt der Schwerpunkt der Ausbildungsgänge auf dem Bühnenschauspiel. Durch den Musical-Boom bieten viele staatliche Schulen jetzt das

Nebenfach „Musical" an – hier, wie auch im Falle von Ausbildungsangeboten mit der Kamera, sollten Interessierte die Kontakttelefonnummern o.g. Adressliste nutzen.

Spezialisierung und Weiterbildung

Dass ein Twen, der frisch von der Schauspielschule kommt, schwerlich einen überzeugend weisen „Nathan" abgibt, liegt auf der Hand. Je nach Alter, Geschlecht, Begabung und „Typ" werden Schauspieler für bestimmte „Fächer" engagiert: vom Naturburschen bis zum Charakterkomiker, von der jugendlichen Liebhaberin zur Salondame.

Wie macht man als Schauspieler Karriere? Schwer zu sagen, schließlich sind weder Ziele noch Wege des Aufstiegs klar vorgezeichnet. Günstige Arbeitskonstellationen, kulturelle Trends, gute Kritiken, Empfehlungen von Regisseuren und Kollegen – all das wirkt kaum überschaubar zusammen.

Die Möglichkeiten, sich weiterzubilden, sind dürftig. Wer es nicht autodidaktisch oder bei einem Privatlehrer versuchen möchte, findet nur bei ganz wenigen Theatern Lehrangebote wie Sprech- und Körpertraining oder theatertheoretische Seminare. Diese Weiterbildungen sind allerdings in der Regel Mitgliedern des eigenen Ensembles vorbehalten.

Da die Mehrzahl der Fortbildungsangebote für Schauspieler solcher privater Unternehmen sind, entzieht sich ihr Preis-Leistungs-Verhältnis jeder Kontrolle. Als Qualitätsinitiative für die Schauspielerfortbildung, aber auch, um die Bühnenfixiertheit der Schauspielschulen zu überwinden – und dem Nachwuchs damit breitere Einsatzbereiche zu erschließen –, hat der IDS die Deutsche Schauspieler-Akademie (DSA, Internet: *www.dsanet.de*)

Praxisbeispiel
Nico Nothnagel

Am Anfang steht der Blick aufs schwarze Brett. Dem entnimmt Nico Nothnagel, ob er für die Besetzung eines neuen Stückes vorgesehen ist. „Wenn ich dabei bin, bekomme ich vom Dramaturgen das Textbuch zur Lektüre", fährt Nothnagel, der derzeit an den Städtischen Bühnen Bielefeld sein erstes Engagement ausübt, fort. Dann folgen die Konzeptionsproben: „Hier stellt der Regisseur das Spielkonzept und der Bühnenbildner ein Modell des Bühnenbildes zum ersten Mal vor. Der Kern dieser Proben ist das gemeinsame Lesen des Stückes."

In der zweiten Phase der Proben tastet sich das Ensemble Schritt für Schritt an das Stück heran. In welcher Reihenfolge die Szenen dabei geprobt werden, hängt von der Verfügbarkeit der Schauspieler, aber auch von der Schwierigkeit der Szene ab. Dabei tragen die Schauspieler bereits Proben-

kostüme, die den späteren Kostümen ähneln: „Meist sind das gebrauchte Sachen aus der Requisite, da die Originale noch in der Schneiderei oder noch nicht aus dem Magazin ausgewählt sind".

Die Kostüm- und Bühnenprobe ist dann der erste komplette Spieldurchlauf mit Technik, Kostüm und Maske. Wie bei der anschließenden Haupt- und dann der Generalprobe trägt dabei jeder bereits die perfekte Kluft aus Renaissance, Mittelalter oder Neuzeit.

Nico Nothnagel hat an der Rostocker Hochschule für Musik und Theater den Abschluss Diplom-Schauspieler erworben. Sein Rat für angehende Schauspieler: „Riecht möglichst früh in ein echtes Theater hinein. Das könnt ihr im Rahmen eines Praktikums oder – wie ich – als Statist verwirklichen. So merkt man auch, ob man sich für die Bühne oder vielleicht doch eher für Film und Fernsehen interessiert."

→ Die Städtischen Bühnen Bielefeld im Internet:

www.theater-bielefeld.de

ins Leben gerufen. An mittlerweile drei Standorten (Berlin, München, Köln) bietet die DSA Kurse zu den Themen Casting, Synchron, Camera-Acting, Marketing für Schauspieler sowie Medienspezifische Fachkunde an.

Stellensuche

Stellensuchende sollten sich bei der Zentralen Bühnen-, Fernseh- und Filmvermittlung (ZBF) in Frankfurt nach Vakanzen erkundigen. Die ZBF ist die größte deutsche Vermittlungsagentur für Angehörige künstlerischer und technischer Berufe in Schauspiel, Musiktheater, Film und Fernsehen (Internet: *http://195.185.214.164/zbf/*).

Im Internet hilft oft der Blick in SIS, den Stellen-Informations-Service des Arbeitsamtes, unter *www.arbeitsamt.de*. Klein und fein sind die Jobbörsen unter *www.kulturmanagement.de* und *www.buehnenverein.de*, die alle Theaterberufe abdecken.

Oder Sie suchen in den Gelben Seiten Ihrer Region nach öffentlichen oder privaten Theatern, Freilichtbühnen, Synchron- und Filmstudios oder Rundfunk- und Fernsehanstalten, und fragen dort nach offenen Stellen.

Marktbeobachtungen

Wer den Schauspielerberuf als bloßen „Job" sieht, wird ihm nicht lange erhalten bleiben. Diese Profession bringt Arbeitsbedingungen mit sich, die zwar niemanden, der die Schauspielerei als „Berufung" sieht, schrecken werden (und auch nicht sollten!) – die aber unter dem Gesichtspunkt individueller Lebenspläne dennoch wohl überlegt sein sollten.

Die Arbeitszeit liegt zwischen 40 und 50 Stunden pro Woche. In der Endphase von Produktionen können daraus aber leicht 70-Stunden-Wochen mit „Spätschichten" bis Mitternacht werden, in denen selbst das Wochenende zur Wunschvorstellung wird – auf die dann allerdings auch wieder drei oder vier freie Tage folgen.

Anders als in Jahres- und Zweijahresetappen können Theaterschauspieler ihr Leben und das ihrer Familie nicht planen: Ihr erstes Engagement ist ein Zweijahresvertrag, der so genannte „Normalvertrag Solo", der dann nach Ablauf jeweils für ein Jahr verlängert wird – oder auch nicht, was den Bühnenwechsel bedeuten würde.

Das Einstiegsgehalt für Bühnenschauspieler beträgt seit dem 1. Januar 2003 1.550 Euro Mindestgage (vorher: 1.280 Euro). Der Rest ist Verhandlungssache. Bei den Gehaltsgesprächen spielt neben dem Verhandlungsgeschick des Einzelnen auch der finanzielle Spielraum des Theaters eine Rolle. Nach fünf Jahren Berufstätigkeit können Theaterschauspieler je nach Größe des Hauses und Rolle zwischen 1.600 und 2.500 Euro im Monat verdienen. Bekannte Schauspieler an Großstadtbühnen bringen es auf Spitzengagen von 5.000 bis 8.000 Euro. Selbst diese bescheidenen Richtwerte gelten jedoch nur für fest engagierte Schauspieler, also solche mit Ein- oder Zweijahresverträgen. Die ganz überwiegende Zahl der an deutschen Bühnen beschäftigten Schauspieler ist jedoch nach Angaben des Interessenverbandes Deutscher Schauspieler freischaffend angestellt.

TV- und Filmproduktionen zahlen wesentlich besser. Als Seriendarsteller gibt es beispielsweise je nach Bekanntheitsgrad pro Tag zwischen 500 und 5.000 Euro.

Bis heute ist der Zugang zum Theaterschauspielerberuf für Frauen steiniger als für ihre männlichen Kollegen. Dies liegt nicht an einem Chauvinismus der modernen Entscheidungsträger am Theater. Die überwiegend männlichen Autoren und Stückeschreiber haben über Jahrhunderte schlicht zu wenig Frauenrollen konzipiert. Dies ändert sich erst allmählich, unter anderem dadurch, dass jetzt auch Autorinnen für die Bühne schreiben.

Für Berufsanfänger empfiehlt es sich, bereits im Vorfeld der Stellensuche – etwa bei den Dozenten der Schauspielschule oder anderen Szenekundigen – etwas über den Ruf des Regisseurs (➜s. S. 78) jener Bühne zu erfahren, zu der es sie zieht. Die Arbeitszufriedenheit von Schauspielern nämlich hängt stark von den Qualifikationen und der Motivation dieses weiteren wichtigen Theaterprotagonisten ab – sind seine Ansprüche „provinziell", können sich ambitionierte Schauspieler rasch unterfordert fühlen.

Weiterführende Informationen

Interessenverband Deutscher Schauspieler e.V. (IDS e.V.), München,
Tel.: 0 89/22 35 95, *www.ids-ev.de*
Genossenschaft Deutscher Bühnen-Angehöriger, Hamburg, Tel.: 0 40/44 38 70, *www.buehnengenossenschaft.de*
Deutscher Bühnenverein, Köln,
Tel.: 02 21/20 81 20, *www.buehnenverein.de*

Spieledesigner/Spieledesignerin

(PC- und Videospiele)

Was machen Spieledesigner?

In ihrer Welt tummeln sich edle Elfen und gemeine Gnomen. Ihr Berufsbild befindet sich in der spannendsten Phase überhaupt – es nimmt gerade Konturen an! „Game-Designer", in den USA längst etabliert, sind eine auch hierzulande immer gefragter werdende Spezialistenschar.

Spieledesigner sind die Geschichtenerzähler in den Entwicklungsstudios für PC- und Videospiele. Sie erarbeiten zunächst ein Basiskonzept für ein bestimmtes Genrespiel. Solche Genres sind zum Beispiel Rollen- oder Strategiespiele. Ein Konzept könnte so lauten: „‚Fantasia' ist ein Strategiespiel, in dem Armeen gegeneinander kämpfen, Rohstoffe gesammelt und Städte gebaut werden."

Auf dieser Grundlage beginnt dann die eigentliche, zeitaufwendige Kreativarbeit: Die Designer konzipieren die Helden ihres Spieles, deren Charaktereigenschaften und Fähigkeiten, Gebäude – eben alle Subjekte und Objekte (Städte, Fahrzeuge, Landschaften ...), die die Handlung bestimmen. Diese Detailplanung, die auch erste skizzenhafte Zeichnungen von Figuren und Szenen enthält, nennt man „Design-Dokument".

Spielentwicklung ist immer Teamarbeit, daher muss das Design-Dokument allen am jeweiligen Projekt Beteiligten, etwa Grafikern und Programmierern, erschöpfend Auskunft über die Spielidee und die Handlung geben. Ein Beispiel: Damit die Programmierer ihren Teil der Entwicklung leisten können, müssen sie dem Konzept des Spieledesigners eindeutig entnehmen können, wie viele Schwertstreiche X die Spielfigur Y (etwa ein Drache) „verkraften" kann, ehe dieser das digitale Zeitliche segnet – und wie viele Punkte dies dann dem Spieler einbringt. Während der gesamten Spielentwicklung ist der Spieledesigner Ansprechpartner für die verschiedenen Spezialisten des Teams. Dies beginnt schon mit der Vorstellung des Konzeptes, bei der mit Sicherheit Anregungen und Kritik von den übrigen Entwicklern kommen.

Für das Verfassen der „storyline", also der Gesamthandlung des Spieles, sind die erzählerischen Fähigkeiten der Designer gefragt: Bestimmte Genrespiele, etwa komplexe Rollenspiele, sind auf einen zugleich phantasievollen und glaubwürdigen „roten Faden" angewiesen, um den Spieler zu fesseln.

Daneben textet der Spieledesigner aber auch die vielen, für das Spielverständnis ebenso wichtigen Kurztexte, die dem User die Welt auf seinem Monitor erklären. Das können zum Beispiel Texte sein, die die Funktion eines bestimmten Objektes in der virtuellen Landschaft erklären, sobald man mit dem Mauszeiger über dieses fährt.

Je nach den Anforderungen des Entwicklungsstudios und den Fähigkeiten der Designer übernehmen diese auch einfachere Programmierarbeiten. Oft gehört es dann auch zu ihren Aufgaben, die Städte und Charaktere des eigenen Konzeptes mit 3D-Animationssoftware auf den Bildschirm zu bringen. In jedem Fall jedoch müssen Spieledesigner grundlegende Kenntnisse über technische Machbarkeit haben – es sind schon ganze Entwickler-teams aufgrund nicht umsetzbarer Design-Dokumente gescheitert.

In der abschließenden Testphase optimieren die Designer noch einmal alle Spielebenen. Dabei achten sie besonders auf einen flüssigen Spielablauf und eine spannende Gestaltung.

Wie wird man Spieledesigner?

Ein großer Teil der hierzulande tätigen Spieledesigner hat derzeit noch einen Qualifikationshintergrund aus den Bereichen Kunst, Medien oder Architektur, da der Berufszugang nicht geregelt ist. Da jedoch insbesondere die Anforderungen bezüglich des technischen Hintergrundwissens steigen, haben sich eine Reihe von Weiterbildungsangeboten etabliert (siehe „Spezialisierung und Weiterbildung").

Wer über ein Studium in diesen Beruf einsteigen möchte, hat dafür seit kurzem an den Universitäten Magdeburg (www.uni-magdeburg.de) und Koblenz (www.uni-koblenz-landau.de) die Möglichkeit: Hier wird der Studiengang „Computervisualistik" angeboten, in dem Grundlagen der Informatik, der elektronischen Bildbearbeitung und der visuellen Kommunikation gelehrt werden. Bemerkenswert am Magdeburger Angebot ist die Integration explizit auf das Spieledesign ausgerichteter Lehrveranstaltungen in das Curriculum, etwa „Computerspiele – Techniken und Reflexion" (www.computervisualistik.de).

Spezialisierung und Weiterbildung

Das Berliner L4-Institut (www.l-4.de) bietet eine Weiterbildung zum „3D-Gamedesigner" und den viersemestrigen Studiengang „Gamedesign" an.

⟫ Praxisbeispiel Tom Putzki

Was ist am Markt derzeit mehr gefragt – ein Fantasy-Rollenspiel oder das actiongeladene Science-Fiction-Game? Auf welcher „Engine", also Technologie, soll das Spiel basieren – 2D oder 3D? Und schließlich: Was ist der „Unique Selling Point", was macht das Produkt einzigartig? Solche und ähnliche Fragen hat sich Tom Putzki während seiner langjährigen Tätigkeit als Gamedesigner, der regelmäßig gestellt. Putzki arbeitet bei der Phenomedia AG, jener Bochumer Software-schmiede, die unter anderem das legendäre „Moorhuhn" kreiert hat. „All diese Überlegungen müssen im Exposé beantwortet sein, das der Spieledesigner für das Entwicklerteam schreibt. Denn an diesem etwa fünf- bis zehnseitigen Konzeptpapier orientieren sich die Kollegen, vom Grafiker bis zum Programmierer, bei allen weiteren Arbeitsschritten. Unstimmigkeiten in der Hintergrundstory des Spieles oder auch technisch nicht Realisierbares werden dann im Team besprochen: So wird aus dem Exposé ein Grobkonzept, aus diesem schließlich ein Feinkonzept generiert."

Und was sind ideale Eigenschaften und Kenntnisse von Bewerbern? „Wer in diesen Beruf will, sollte flexibel und vielseitig interessiert sein. Ganz wichtig sind eine hohe positive Affinität zu PC-, Konsolen- und Brettspielen und Grundkenntnisse der wichtigsten Programmiersprachen. Ohne den letztgenannten Aspekt wird es sonst schwer, sich im Entwicklungsteam zu verständigen. Wünschenswert ist zudem der Nachweis von Kreativität, etwa über selbst erstellte Exposés. Wer dann noch einen guten Schreibstil vorweist, hat gute Aussichten. Schließlich müssen Gamedesigner ihre Ideen ja so auf Papier bringen, dass andere sie verstehen und damit arbeiten können."

➜Die Phenomedia AG im Internet: www.phenomedia.de

Ebenfalls in Berlin ist die Games Academy ansässig (www.gamesacademy.de), die in einer Vielzahl von Seminaren und Wochenendkursen die ganze Palette der für Spieledesigner typischen Tätigkeiten abdeckt. Seit März 2000 bildet die Akademie gezielt Fachleute für die Computer- und Videospielindustrie aus, etwa im Kurs „Game-Level-Designer".

Eine Weiterbildung zum Game-Designer bietet auch die IT-Akademie der Bertelsmann-Stiftung in Gütersloh an (www.it-akademie.org).

Eine Übersicht über die bundesweiten Fortbildungsmöglichkeiten liefert die Website www.spieldesign.de unter der Rubrik „Links".

Stellensuche

Da die meisten Stellen derzeit noch über persönliche Kontakte vergeben werden, empfiehlt es sich, frühzeitig Praktika im Bereich Spieledesign zu absolvieren.

Für die Suche nach Hospitanzen, aber natürlich auch Stellen sollte man initiativ Softwareanbieter oder Multimediaagenturen kontaktieren und sich nach Vakanzen erkundigen. Hilfreiche Adresslisten von Spieleentwicklern bieten die Websites des Unterhaltungs Software Forum (www.usf.de ➜ Link „Portfolio") und der Fachzeitschrift Gamestar (www.gamestar.de ➜ „Links" ➜ „Spielefirmen").

Marktbeobachtungen

Die Zunahme der bereits vorgestellten Weiterbildungsmöglichkeiten in den vergangenen Jahren ist ein Zeichen für die Professionalisierung dieses Berufes. Diese wiederum geht auf steigende Anforderungen, insbesondere im technischen Bereich, zurück. Damit einher geht der Trend, dass der Berufseinstieg für Quereinsteiger tendenziell schwerer wird bzw. die Möglichkeiten des „Learning by Doing" schrumpfen.

Wer jedoch eine der Weiterbildungen absolviert, hat auch in Zukunft hervorragende Einstiegschancen in diesem Beruf, denn die Zahl spielebegeisterter junger wie auch älterer Menschen wächst – was Absatzzahlen wie auch Umfragen einhellig bestätigen.

Nach Angaben der Website *www.spieleentwickler.org* verdienen Spieledesigner mit Berufserfahrung durchschnittlich 36.000 Euro im Jahr.

Weiterführende Informationen

Unterhaltungs Software Forum, *www.usf.de*

Fachartikel „So you want to be a game designer?" der Spieledesignerin Jennifer Bullard, *www.avault.com/developer/getarticle.asp?name=jbullard1*. Humorvoll und zugleich seriös beschreibt die Verfasserin die typischen Tätigkeiten des Berufes – und gleicht sie mit den gängigen Erwartungen ab ...

Technischer Redakteur
Technische Redakteurin

Was machen Technische Redakteure?

„Wenn Ihr Telefon einmal nicht funktioniert, vergewissern Sie sich bitte zunächst, ob die Geräte- und die Hörerschnur richtig gesteckt sind ..." Solche oder ähnliche Sätze sind allen Besitzern von Elektrogeräten vertraut. Ob Mikrowelle oder Möbel zum Selberaufbauen: Bedienungsanleitungen sind aus dem Leben nicht mehr wegzudenken. Je komplizierter allerdings der Gegenstand ist, zu dessen korrektem Gebrauch sie anleiten, desto größer ist die Chance, dass sie unvollständig oder unverständlich sind.

Hier schaffen Technische Redakteure Abhilfe. Diese Spezialisten erstellen technische Dokumentationen wie Gebrauchs- bzw. Montageanweisungen, Handbücher oder Lernprogramme. Die Bandbreite ihrer Tätigkeit reicht von der sechsseitigen Bedienungsanleitung für den Küchenmixer bis hin zu mehreren hundert Ordnern Betriebsunterlagen für eine Industrieanlage.

Essenziell für die erfolgreiche Kommunikation technischer Inhalte ist die genaue Kenntnis der jeweiligen Zielgruppe, um Inhalt, Sprache und Aufbau einer Publikation entsprechend wählen zu können. Somit sind gute Formulierungsfähigkeiten eine wichtige Voraussetzung für diesen Beruf.

Technikautoren müssen aber auch das zu beschreibende Produkt genau kennen. Dafür prüfen sie, ob alle Beispiele ihres Handbuches auch wirklich ablauffähig und damit für den Kunden nachvollziehbar sind. Um einen Apparat oder eine Maschine zu verstehen, stehen ihnen neben den eigenen „Feldversuchen" aber auch die Dokumentationen der Entwickler zur Verfügung.

Beim Verfassen ihrer Bedienungsanleitungen achten die Profis neben Vollständigkeit und sachlicher Richtigkeit vor allem auf die Verständlichkeit. Viele Arbeitsschritte lassen sich mit Grafiken oder Tabellen besser darstellen als mit Text. Technische Redakteure fertigen solche Abbildungen selbst an oder entwerfen sie zumindest.

Außerdem sind sie Projektmanager: Die Redakteure müssen ihre Arbeit so planen, dass die Dokumentation fristgerecht zur Produktfreigabe fertig gestellt ist. Hinzu kommt, dass die Spezialisten im Hinblick auf die Ausstattung der Anleitungen keine „Luftschlösser" konzipieren dürfen: Der Aufwand für ein Handbuch muss sich nach der Vertriebs- bzw. Marktbedeutung des Produktes richten. Ist diese beispielsweise eher gering, sollte die Publikation nicht vierfarbig oder in Hochglanz erscheinen.

Ein weiteres Arbeitsfeld hat sich für Technische Redakteure erst in jüngster Zeit erschlossen: Viele Unternehmen beschäftigen diese Fachleute zunehmend auch im internen Informationsmanagement. Alles, was die Mitarbeiter an Wissen benötigen, stellen sie bereit.

Wie wird man Technischer Redakteur?

Der Einstieg in diesen Beruf ist grundsätzlich auf zwei Arten möglich: über eine Ausbildung durch ein Volontariat oder Studium bzw. über eine Weiterbildung. Welcher Weg angemessen ist, hängt jeweils von den bereits erworbenen Qualifikationen der Interessenten ab.

Ausbildung

Eine Ausbildung bietet sich für alle an, die den Beruf nach ihrer Schulausbildung von Grund auf erlernen wollen. Dieser Weg führt zu einer anerkannten abgeschlossenen Berufsausbildung. Neben einem Volontariat in einer technischen Redaktion bieten sich hierfür auch Studiengänge an, die an vielen Hochschulen mittlerweile etabliert sind:

→Donau-Universität Krems, *www.donau-uni.ac.at/zimt*, Masterstudium „Technische Kommunikation";
→Fachhochschule Aalen, *www.fbf.fh-aalen.de/sg_r/*, Diplomstudium „Technischer Redakteur (FH)";
→Fachhochschule Flensburg, *www.fh-flensburg.de/tue/*, Diplomstudiengang „Technikübersetzer (FH)";
→Fachhochschule Furtwangen, *www.fh-furtwangen.de/pe-www*, Studiengang „Dokumentation und Kommunikation" mit Abschluss „Diplom-Wirtschaftsingenieur (FH)";
→Fachhochschule Gelsenkirchen, *www.fh-gelsenkirchen.de/studiengaenge/ body_journalismus_technik-kommunika. html*, Studiengang „Journalismus und Technik-Kommunikation" mit Abschluss „Bachelor of communication science".

Weitere einschlägige Studiengänge bieten die Fachhochschulen Gießen-Friedberg, Hannover, Karlsruhe, Merseburg, Ulm, die Fachhochschule der Deutschen Telekom in Leipzig, die Rheinisch-Westfälische Technische Hochschule in Aachen sowie die Technischen Universitäten Berlin und Dresden.

Weiterbildung

Eine sinnvolle Zusatzqualifikation ist einerseits das Weiterbildungsprogramm der Gesellschaft für technische Kommunikation e.V. (*www.tekom.de*). Nähere Informationen hierzu gibt es unter *www.tekom.de/weiterbi.htm*.

Andererseits bieten eine Reihe von Bildungsdienstleistern ein- bis mehrtägige Seminare zu speziellen Themen der Technischen Dokumentation an. Eine Übersicht gibt es auf der Tekom-Website unter *www. tekom.de/WebForum/terminsuche.asp*.

Spezialisierung und Weiterbildung

S.o.: „Wie wird man ..."

Stellensuche

Vor allem die Stellenbörsen unter *www.arbeitsamt.de*, *www.altavista.de* und *www.tekom.de* sind Fundgruben für Technische Redakteure.

Marktbeobachtungen

Die Bedarfszahlen für diesen Beruf zeigen steil nach oben. Dies liegt vor allem daran, dass immer mehr erklärungsbedürftige technische Geräte Einzug in das Privatleben der Konsumenten halten – von der Informations- und Kommunikationstechnologie fürs Büro gar nicht zu sprechen. Allerbeste Einstiegschancen also für alle, die neben Sprachgefühl auch technischen Sachverstand besitzen.

Berufseinsteiger verdienen zwischen 22.000 und 28.000 Euro, Redakteure mit fünf Jahren Berufserfahrung kommen auf 32.000 bis 35.000 Euro im Jahr. Der Leiter einer technischen Redaktion erhält bis zu 40.000 Euro.

Weiterführende Informationen

Gesellschaft für technische Kommunikation e.V., *www.tekom.de*

Toningenieur
Toningenieurin

Was machen Toningenieure?

Der Hauptdarsteller eines Horrorfilmes betritt die erste Stufe einer langen Treppe, deren Ende nicht erkennbar ist. Nur eines ahnt der Zuschauer: Oben lauert Unbeschreibliches. Diese Suggestion wird durch geschickte Hintergrundmusik erreicht. Nicht nur für Fernseh- oder Kinofilme, sondern auch bei Hörfunk- sowie Musikproduktionen erarbeiten Toningenieure daher eine effektvolle Klangkulisse.

Schwerpunktmäßig führen diese Fachleute Tonaufnahmen und -übertragungen durch. Dabei kann es sich um Sprache, Musik oder Geräusche handeln. Am Anfang jeder Aufnahme überprüfen sie die Akustik der jeweiligen Räumlichkeiten: Sie positionieren Mikrofone und andere technische Geräte so, dass ein einwandfreier Klang ohne akustische Störungen entsteht. Toningenieure arbeiten beispielsweise bei Film und Fernsehen. Hier sorgen sie für die richtige Betonung der einzelnen Soundquellen. So darf etwa der Lärm startender und landender Flugzeuge in einer Szene am Airport nicht den Dialog der Schauspieler übertönen. Dafür filtern Toningenieure Geräusche heraus oder heben sie hervor.

In der Nachbearbeitung prüfen die Spezialisten den gesamten Soundtrack noch einmal, häufig in Zusammenarbeit mit dem Regisseur. Sind alle Sprechsequenzen deutlich zu verstehen oder muss man einige erneut aufzeichnen? Sind die Hintergrundgeräusche des Wochenmarktes nicht doch eine Spur zu laut? Solche Fragen stehen bei diesem Arbeitsschritt im Mittelpunkt.

Auch bei Kulturereignissen sind die Audio Engineers gefragte Fachleute. Für Theaterproduktionen oder Open-Air-Konzerte kreieren sie Tonkonzepte, die sie dann im richtigen Moment einspielen. Für Musikaufnahmen erzeugen die Profis durch Filter, Aussteuerungen und Überblendungen aus der Studioaufnahme des Künstlers effektvolle CDs.

Im nicht-technischen Teil ihrer Arbeit verfügen Toningenieure durchaus über gewisse kreative Freiheiten. Je nach Projekt entscheiden sie mit Redakteuren, Produzenten oder Regisseuren, wie sie eine Klangcollage gestalten.

Die Tätigkeiten von Toningenieuren überschneiden sich oft mit denen der Tonmeister. Zwischen diesen beiden Berufen gibt es weder begrifflich noch funktional eine eindeutige Grenze. Allerdings ist die Berufsbezeichnung „Tonmeister" mit Ausnahme des graduierten Tonmeisters in Deutschland nicht geschützt, während sich nur Leute mit abgeschlossenem Hochschulstudium Ingenieur nennen dürfen.

Wie wird man Toningenieur?

Folgende Hochschulen bieten Studiengänge an, die zu einem Abschluss als Diplom-Tonmeister oder Diplom-Toningenieur führen:

→ Hochschule der Künste Berlin, *www.hdk-berlin.de*;
→ Hochschule für Musik Detmold, *www.hfm-detmold.de*;
→ Fachhochschule Düsseldorf, *www.fh-duesseldorf.de*;
→ Robert-Schumann-Hochschule Düsseldorf, *www.rsh-duesseldorf.de*;
→ Hochschule für Film und Fernsehen Potsdam, *www.hff-potsdam.de*.

Spezialisierung und Weiterbildung

Die international tätige School of Audio Engineering (*SAE, www.sae.edu/countries/germany.html*) bietet in Hamburg, Berlin, Köln, Frankfurt/Main, Stuttgart und München eine Fortbildung zum Toningenieur an. Sie dauert in Vollzeit 9, bei Teilzeit 18 Monate und kostet zwischen 6.500 und 7.500 Euro. Die Kurse schließen mit schulinternen Diplomen ab.

Ähnliche Seminare bieten die Schule für Rundfunktechnik in Nürnberg (*www.srt.de*) und die Wuppertaler Schule für Tontechnik (*www.schule-fuer-tontechnik.de/wupp/index.htm*).

Über Spezialisierungs- und Weiterbildungsmöglichkeiten informiert darüber hinaus ausführlich die Datenbank KURS des Arbeitsamtes unter *http://berufenet.arbeitsamt.de/bnet2/D/B8353101weiterb_t.html*.

Stellensuche

Anlaufstellen für Jobsuchende stellen die Jobbörsen der Website des Verbandes Deutscher Tonmeister (*www.tonmeister.de*) sowie des Arbeitsamtes (*www.arbeitsamt.de*) dar.

Für Initiativbewerbungen empfiehlt sich der Blick in die Gelben Seiten der Region. Zu potenziellen Arbeitgebern zählen
→ Rundfunk- und Fernsehstudios,
→ Tonstudios, Film- und Videobetriebe,
→ Theater und Opernhäuser sowie
→ Unternehmen, die Serviceleistungen in der Veranstaltungs- und Konferenztechnik anbieten.

Marktbeobachtungen

Die Tätigkeit von Toningenieuren ist für die Qualität beispielsweise einer Musik-CD- oder Computerspielproduktion ausschlaggebend. Das bedeutet, dass diese Fachleute immer auf dem neuesten Stand der technischen Entwicklung, aber auch der Trends und Geschmäcker der jeweiligen Märkte und ihrer Konsumenten sein müssen.

Bei der Vergütung gibt es regionale und branchenabhängige Einkommensunterschiede.

Diplom-Toningenieure (FH) können beispielsweise eine tarifliche Grundvergütung von 3.388 Euro erhalten.

Weiterführende Informationen

Verband Deutscher Tonmeister, *www.tonmeister.de*

Berufsverband Ton, Hamburg, Tel.: 040/656 59 49

Touristikmanager
Touristikmanagerin

Was machen Touristikmanager?

Die Hauptaufgabe von Touristikmanagern besteht darin, Urlauber für einen „Trip" in die eigene Region oder Stadt zu begeistern. Je nach Einsatzort betreuen die Erlebnisspezialisten Gäste, kalkulieren Angebote und stellen Reisepro-gramme zusammen. Sie spüren neue touristische Angebote auf, gestalten und vermarkten sie. Dafür ist neben Organisationsgeschick auch Kreativität gefragt, da sich die Profis in ganz unterschiedliche Zielgruppen hineinversetzen müssen. So ist die Wattwanderung zu den Seehundsbänken für Familien mit Kindern mit Sicherheit aufregend, während sich Senioren vielleicht eher für eine Inselkutschfahrt interessieren.

Touristikmanager arbeiten beispielsweise in Fremdenverkehrsämtern und Hotels, wobei sie im letzteren Falle für das Unterhaltungsprogramm verantwortlich sind.

In einer Kurverwaltung erstellen sie vielleicht ein Werbekonzept, mit dem sich der Kurort in der Öffentlichkeit präsentiert. Auf diese Weise versuchen die Spezialisten, Reiseveranstaltern das heilsame Angebot schmackhaft zu machen, damit diese es in ihr Programm aufnehmen. Weitere Beschäftigungsmöglichkeiten finden sich bei Reisebüros oder -veranstaltern.

Wer sich für diesen Beruf interessiert, sollte neben kaufmännischem Interesse vor allem Kommunikationsfreude und -fähigkeit mitbringen: Der Kontakt zu unterschiedlichsten Menschen – vom Kurgast bis zum Reiseversicherer – gehört zum Alltag dieser Manager.

Wie wird man Touristikmanager?

Gute Einstiegschancen in diesen Beruf haben Absolventen wirtschaftswissenschaftlicher Studiengänge (VWL oder BWL, gern mit Schwerpunkt Tourismus) bzw. eines Geographie-Studiums. Ebenso gefragt sind Bewerber mit abgeschlossener kaufmännischer Ausbildung im Tourismusbereich, die allerdings eine Weiterbildung brauchen.

Die Fachhochschulen Bad Honnef, Stralsund, Braunschweig/Wolfenbüttel sowie Bremen bieten eigene Diplomstudiengänge „Tourismusmanagement" an. Diese sind oft international ausgerichtet und schließen teilweise mit einem – meist englischsprachigen – Doppeldiplom ab.

An vielen Universitäten oder Fachhochschulen kann man auch Allgemeine Betriebswirtschaftslehre mit Schwerpunkt Tourismusmanagement studieren. An welchen Hochschulen Studiengänge im Bereich Touristik angeboten werden, erfährt man im Internet über die Suchmaschine der Website STUB – Studien- und Berufswahl online (*www.studienwahl.de/fmg.htm*).

Spezialisierung und Weiterbildung

Über geeignete Fortbildungsangebote informiert beispielsweise die Website des Deutschen Tourismus Verbandes (*www.deutschertourismusverband.de*). Gleiches gilt für die private Plattform *www.all4travel.de* sowie die Datenbank KURS des Arbeitsamtes.

Für Fachkräfte aus dem Reiseverkehrs- und Hotelgewerbe bietet das Düsseldorfer

IST-Studieninstitut für Sport, Freizeit und Touristik (www.ist-web.de) ein 18-monatiges Fernstudium mit dem Abschluss „Touristikmanager (IST)". An Industrie- und Handelskammern können sich branchenerfahrene Arbeitnehmer zum Touristikfachwirt (IHK) fortbilden.

Stellensuche

Im Internet empfiehlt sich ein Blick in die Jobbörsen unter *www.arbeitsamt.de*, *www.joborama.de*, *www.hotel-career.de*, *www.hoteljobs2000.de* und *www.fvw-online. de.* Wichtig ist dabei, zu beachten, dass mögliche Arbeitgeber Touristikmanager nicht unbedingt unter einer einheitlichen Berufsbezeichnung suchen. Man sollte in Suchmaschinen daher auch die Begriffe Freizeit- und Touristikmanager, Freizeitmanager, City- bzw. Stadtmanager, Fremdenverkehrsmanager, Manager Tourismuswirtschaft, Referent im Touristik-Management, Reisemanager, Sport- und Touristikmanager sowie Touristikfachwirt (IHK) eingeben.

Wer sich initiativ bewerben möchte, sucht am besten in den Gelben Seiten nach passenden Unternehmen. Das können Reisebüros, Reiseveranstalter, Einrichtungen wie Kur- und Fremdenverkehrsämter oder Kongresszentren sein. Auch im Hotel- und Gaststättengewerbe sind Touristikmanager tätig, zum Beispiel als kaufmännische Leiter, Hoteliers oder Cafébesitzer.

Marktbeobachtungen

Die Einstiegsgehälter für Touristikmanager schwanken je nach übertragener Verantwortung erheblich: Als Sachbearbeiter verdient man ca. 25.000 Euro im Jahr, Referentenstellen im Tourismusmanagement sind mit Beträgen zwischen 40.000 und 45.000 Euro dotiert.

Weiterführende Informationen

Bundesverband der Deutschen Tourismuswirtschaft (BTW), Berlin, Tel.: 030/726254-0, *www.btw.de*

Veranstaltungskaufmann
Veranstaltungskauffrau

Was machen Veranstaltungskaufleute?

Eine Gruppe von Ausstellern, für die das Auffinden des eigenen Messestandes zur Suche nach der sprichwörtlichen Nadel im Heuhaufen wird, hätte besser rechtzeitig ihre fachliche Beratung und Unterstützung gesucht: Auf Kongressen und Messen, Konzerten und Stadfesten sorgen Veranstaltungskaufleute dafür, dass Marketing, Kosten und Organisation stimmen und das jeweilige Event wohl geordnet über die Bühne gehen kann. Außerdem weisen sie das Personal ein, das dabei assistiert, und sind für den reibungslosen Ablauf der gesamten Veranstaltung verantwortlich – und darunter fallen neben solchen organisatorischen vor allem auch kaufmännische Aufgaben.

So müssen Veranstaltungskaufleute für die gesicherte Finanzierung einer Veranstaltung sorgen und mit geeigneten Marketingmaßnahmen die Werbetrommel rühren. Vielleicht lässt sich ja ein Sponsor finden? Haben die Organisationsprofis ein Veranstaltungsprojekt vor sich, so erstellen sie zum Beispiel einen Veranstaltungs- und einen Personaleinsatzplan und sorgen für ein entsprechendes Raumangebot. Den Veranstaltungsmarkt zu kennen und für die eigenen Konzepte nutzbar zu machen ist dabei sehr wichtig.

Aber auch die Sicherheit ist von großer Bedeutung. So müssen beispielsweise Genehmigungen eingeholt oder vorbeugende Brandschutzmaßnahmen veranlasst werden.

Wenn eine Veranstaltung beendet ist, erstellen die Kaufleute eine Endabrechnung.

Planung und Durchführung von Veranstaltungen, Entwicklung der Marketingstrategien, Überwachung und Abrechnung der Events – Veranstaltungskaufleute brauchen für ihre Tätigkeit sowohl Kreativität als auch Entscheidungsfreude.

Da sie überwiegend in Arbeitsgruppen tätig sind, ist die Fähigkeit zur Teamarbeit ebenso wichtig wie Kommunikationsstärke, etwa bei der Betreuung von Kunden. Mit diesen arbeiten sie, je nach Auftrag, häufig auch direkt zusammen, zum Beispiel in Hallen, Theaterräumen oder Fernsehstudios.

Das bedeutet auch, dass Veranstaltungskaufleute mobil sein müssen, zumal sie in der Praxis oft für mehrere Projekte gleichzeitig verantwortlich sind.

Wie wird man Veranstaltungskaufmann oder Veranstaltungskauffrau?

Für den noch jungen Beruf qualifiziert eine dreijährige Ausbildung, die mit einer Prüfung vor der Industrie- und Handelskammer abschließt. Im Zeitraum von 18 Monaten, die über die gesamte Ausbildung verteilt sind, vermittelt sie gemeinsame Fertigkeiten und Kenntnisse für eine kaufmännische Berufstätigkeit in den Dienstleistungsbereichen Gesundheitswesen, Sport- und Fitnesswirtschaft oder Veranstaltungswirtschaft.

In weiteren, wiederum über die gesamte Ausbildung verteilten 18 Monaten lernen die angehenden Veranstaltungsprofis dann die berufsspezifischen Fertigkeiten und Kenntnisse.

Spezialisierung und Weiterbildung

Engagierte Veranstaltungskaufleute haben die Möglichkeit, sich zum Fachwirt für Messe-, Tagungs- und Kongresswesen fortzubilden. Dabei steht die Planung, Organisation und Betreuung von Messen, Tagungen, Konferenzen und Kongressen im Mittelpunkt.

Wer auf eigenen Wegen wandeln möchte (und sich das auch zutraut), kann sich natürlich nach einigen Jahren Berufserfahrung und mit den entsprechenden Kenntnissen selbstständig machen und mit der eigenen Firma das Management von Veranstaltungen, Messen und Kongressen anbieten.

Stellensuche

Interessierte können sich bei der örtlichen Industrie- und Handelskammer nach Ausbildungsplätzen erkundigen. Das funktioniert heute übrigens zumeist auch online, da die IHKn auf ihrer jeweiligen Homepage in der Regel einen Link „Ausbildungsbörse" bzw. „Lehrstellenbörse" anbieten.

Im Internet hilft oft auch der Blick in ASIS, den Ausbildungsplatz-Informationsservice des Arbeitsamtes, unter *www.arbeitsamt.de*.

Für Initiativbewerbungen empfiehlt sich die Suche nach Ausbildungsbetrieben in den Gelben Seiten. Potenzielle Arbeitgeber sind Messeveranstalter und Betreiber von Theatern, Konzerthäusern oder Freilichtbühnen ebenso wie Firmen für Bild-, Ton-, Licht- und Veranstaltungstechnik und Produktionsfirmen.

Marktbeobachtungen

Noch bis vor wenigen Jahren war der Quereinstieg der gängige Weg in das Veran-

» Praxisbeispiel Gaby Chudalla

Dass sie eine Ader für das Organisieren von Veranstaltungen hatte, war Gaby Chudalla schon bewusst, als sie diese noch nicht – wie heute – „Events" nannte. „Ich habe immer schon gerne Festivitäten geplant. Bei der Hochzeit meines Bruders habe ich die Organisation übernommen, mich also etwa um das Catering gekümmert und eine Band organisiert. Irgendwann kamen, wenn es um das Ausrichten solcher geselligen Anlässe ging, immer häufiger Leute an und fragten: ,Gaby, kannst du nicht …?'"

Ihre Begabung hat die Zweiundzwanzigjährige zum (Ausbildungs-) Beruf gemacht: Heute befindet sich Gaby im zweiten Ausbildungsjahr zur Veranstaltungskauffrau, ihr Arbeitgeber ist die Münsteraner Agentur Pablik Events. Im Kundenauftrag organisiert das Unternehmen vor allem Jugendevents. Die Schwerpunkte der Ausbildung sind dabei, den Personaleinsatz für solche

Veranstaltungen zu planen, sich ein Programm zu überlegen und dafür zu recherchieren, mit Sponsoren zu kommunizieren und an der Promotion mitzuarbeiten.

Gaby beschreibt ihren Anteil an einem aktuellen Agenturprojekt: „Im Auftrag einer örtlichen Diskothek konzipieren wir deren wöchentliche Veranstaltung ‚Friday Deluxe', einen Tanzabend, bei dem es aber auch Spiele mit den Gästen und Verlosungen gibt. Für das Spielprogramm habe ich mir unter anderem einen Go-go-Contest sowie eine Mister- und Misswahl ausgedacht. Beim Go-go-Wettbewerb tanzen Jungs und Mädchen vor und werden vom Publikum bewertet. ‚Miss' oder ‚Mister' wird man nicht einfach durch ansehnliches Äußeres, sondern durch Vorsingen und tanzen, wobei das Publikum erneut zur Jury wird."

Für die Verlosung haben Kollegen aus der Sponsoringabteilung örtliche Sponsoren gewonnen, die Artikel, Gutscheine oder Gelder zur Verfügung stellen und als Gegenleistung auf den Partys beworben werden.

staltungsmanagement: Wer im Eventbereich tätig sein wollte, „rutschte" meist aus der Werbung, der Mediengestaltung, der Touristik oder der Betriebswirtschaftslehre in den Beruf.

Der härter gewordene Wettbewerb zwischen den Veranstaltern von Konzerten, Stadtfesten oder auch Bildungsseminaren und die gestiegenen Besucher- bzw. Kundenansprüche haben jedoch auch in diesem Wirtschaftszweig den Ruf nach einer Professionalisierung lauter werden lassen. Das Ergebnis: Seit Ende August 2001 gibt es nun die Möglichkeit, sich zum Veranstaltungskaufmann ausbilden zu lassen.

Damit begann eine rasante Erfolgsgeschichte: Innerhalb von nur einem Jahr hat sich der Veranstaltungskaufmann bereits zu einem Modeberuf entwickelt. Die Nachfrage unter den Schulabgängern ist enorm. Viele Unternehmen können aus einer Fülle von Bewerbungen die Besten auswählen. Wer einen Ausbildungsplatz ergattern will, muss nicht nur gute Zeugnisse und einen hohen Bildungsabschluss vorweisen. Auch die Persönlichkeit spielt eine entscheidende Rolle. Gefragt sind zum Beispiel Nachweise praktischer Teamarbeitserfahrung – privates Engagement in Vereinen ist in diesem Zusammenhang gern gesehen! Ob für die Korrespondenz mit internationalen Kongressteilnehmern oder die freundliche Auskunft für ausländische Gäste am „Info Point" der Messeveranstaltung: Auch Fremdsprachenkenntnisse sind ein Pluspunkt.

Weiterführende Informationen

www.veranstaltungskaufleute.net: Die Website des Vereins Kölner Veranstaltungskaufleute des Jahrgangs 2001 möchte den Beruf bekannter machen und Interessenten einen Einblick in die Berufspraxis ermöglichen.

www.neue-ausbildungsberufe.de: Die Links „Beispiele" → „Alphabetisch" → „Veranstaltungskaufmann/-frau" führen zu lebendigen Praxisbeispielen, in denen Auszubildende aus ihrer Berufspraxis erzählen.

Holzbaur, Ulrich u.a. (2002): Eventmanagement. Veranstaltungen professionell zum Erfolg führen, Springer, 312 Seiten, 44,95 Euro

Neumann, David (2003): Erlebnismarketing – Eventmarketing. Grundlagen und Erfolgsfaktoren, Vdm Verlag Dr. Müller, 88 Seiten, 19,95 Euro

„Mit solchen Sponsoren spreche ich nach der Veranstaltung darüber, ob sich ihre und unsere Erwartungen erfüllt haben. Das müssen übrigens selbstverständlich Unternehmen sein, die zu unserer Zielgruppe passen, also etwa Fast-Food-Ketten, Sportanbieter oder Videotheken", ergänzt Gaby. Berufsanfängern im Event-Management rät die Auszubildende, sorgfältig zu prüfen, welcher Veranstaltungsbereich sie besonders interessiert, denn: „Jede Agentur hat sich auf einen ganz bestimmten Ausschnitt der Eventlandschaft spezialisiert. So wie wir vor allem Projekte für jüngere Leute realisieren, konzentrieren sich andere auf ein älteres Publikum oder sind reine Konzert- oder Messeveranstalter. "

→ Pablik Events im Internet: www.pablik.de

Auch für freie Publizisten:

Die Künstlersozialkasse

Wer abhängig beschäftigt ist, also als Angestellter arbeitet, kann sich im Hinblick auf Kranken-, Pflege- und Rentenversicherung relativ bequem zurücklehnen: Die Buchhaltung des Arbeitgebers zieht die entsprechenden Beiträge jeden Monat vom Bruttogehalt ab und leitet sie an die entsprechenden Versicherungsträger weiter. Und nicht nur das: Der Betrieb trägt die Hälfte der Kosten für Kranken-, Pflege- und Rentenversicherung.

Selbstständige hingegen müssen ihre soziale Sicherung grundsätzlich komplett aus eigener Tasche bestreiten. Anders freischaffend Tätige im künstlerischen oder publizistischen Bereich: Für freie Journalisten, Fotografen oder Bildhauer bezahlt die „Künstlersozialkasse" (KSK) die Hälfte der Beiträge zur Kranken-, Pflege- und Rentenversicherung. Obendrein nimmt die KSK ihren Versicherten lästige Verwaltungsarbeit ab, indem sie die Beiträge einzieht und an die Krankenkassen, Pflegeversicherungen und die Bundesversicherungsanstalt für Angestellte weiterleitet.

Bis auf wenige Ausnahmen müssen sich freie Künstler und Publizisten in der KSK versichern. Diese Pflicht greift seit 2003 ab einem voraussichtlichen Jahreseinkommen von 3.900 Euro. Wer weniger verdient, dessen Tätigkeit stuft der Gesetzgeber als Hobby ein. Für Berufsanfänger, die sich ihre wirtschaftliche Existenz erst noch erschließen müssen, sieht das Künstlersozialversicherungsgesetz einen besonderen Schutz vor. Sie werden auch dann versichert, wenn sie absehbar nicht das erforderliche Mindestarbeitseinkommen erzielen. Nun ist es nachvollziehbar, dass sich das Jahreseinkommen von Freiberuflern schwerer schätzen lässt als jenes abhängig Beschäftigter. Im ersten Jahr geben die KSK-Versicherten daher zusammen mit ihrer Anmeldung eine Prognose ab, wie hoch ihr Gewinn ausfallen wird. Dieser Wert dient als Berechnungsbasis für den KSK-Beitrag und lässt sich nachträglich korrigieren.

Wie bei einem betrieblichen Beschäftigungsverhältnis, so erhalten auch die KSK-Versicherten die Hälfte ihrer Beiträge zur Kranken-, Renten- und Pflegeversicherung als Zuschuss – nur eben nicht vom Arbeitgeber, sondern von der KSK selbst. Die Künstlersozialkasse ihrerseits finanziert sich teils mit staatlichen Mitteln, teils über Abgaben solcher Unternehmen, die künstlerische und publizistische Leistungen verwerten.

Dabei handelt es sich um
- Verlage (Buchverlage, Presseverlage etc.)
- Presseagenturen und Bilderdienste
- Theater, Orchester, Chöre
- Veranstalter jeder Art, Konzert- und Gastspieldirektionen, Tourneeveranstalter, Künstleragenturen, Künstlermanager
- Rundfunk- und Fernsehanbieter
- Hersteller von Bild- und Tonträgern (Film, TV, Musik-Produktion, Tonstudio etc.)
- Galerien, Kunsthändler
- Werbeagenturen, PR-Agenturen, Agenturen für Öffentlichkeitsarbeit

- Unternehmen, die das eigene Unternehmen oder eigene Produkte/Verpackungen etc. bewerben
- Design-Unternehmen
- Museen und Ausstellungsräume
- Zirkus- und Varietéunternehmen

Außerdem sind alle Unternehmen abgabepflichtig, die regelmäßig von Künstlern oder Publizisten erbrachte Werke oder Leistungen für das eigene Unternehmen nutzen, um im Zusammenhang mit dieser Nutzung mittelbar oder unmittelbar Einnahmen zu erzielen.

Weiterführende Informationen:

Künstlersozialkasse
Gökerstr. 14
26384 Wilhelmshaven

Tel.: 04421/7543-9
Fax: 04421/7543-586
Mail: auskunft@kuenstlersozialkasse.de
www.kuenstlersozialkasse.de

Sachregister

Personen, Firmen, Institutionen